中国学校教育探索丛书
甬派教育管理名家系列

给校长的45个教育故事

严雪霞 著

北京师范大学出版集团
北京师范大学出版社

图书在版编目(CIP)数据

给校长的 45 个教育故事/严雪霞著.—北京：北京师范大学出版社，2022.6(2023.11 重印)
ISBN 978-7-303-27758-2

Ⅰ.①给… Ⅱ.①严… Ⅲ.①中小学－校长－学校管理－研究 Ⅳ.①G637.1

中国版本图书馆 CIP 数据核字(2022)第 013836 号

图书意见反馈	gaozhifk@bnupg.com 010-58805079
营销中心电话	010-58802755 010-58800035
北师大出版社教师教育分社微信公众号	京师教师教育

GEI XIAOZHANG DE 45 GE JIAOYU GUSHI

出版发行：北京师范大学出版社　www.bnup.com
　　　　　北京市西城区新街口外大街 12-3 号
　　　　　邮政编码：100088

印　　刷：北京虎彩文化传播有限公司
经　　销：全国新华书店
开　　本：787 mm×1092 mm　1/16
印　　张：14
字　　数：153 千字
版　　次：2022 年 6 月第 1 版
印　　次：2023 年 11 月第 2 次印刷
定　　价：59.00 元

策划编辑：冯谦益　　　责任编辑：周　鹏　王思琪
美术编辑：陈　涛　李向昕　装帧设计：陈　涛　李向昕
责任校对：张亚丽　　　责任印制：马　洁

版权所有　侵权必究
反盗版、侵权举报电话：010-58800697
北京读者服务部电话：010-58808104
外埠邮购电话：010-58808083
本书如有印装质量问题，请与印制管理部联系调换。
印制管理部电话：010-58805079

丛书编委会

主　任：苏泽庭

副主任：徐文姬　陈如平　柳国梁

委　员：(按姓氏笔画排名)

马　兰　王晶晶　石伟平　朱永祥

刘占兰　李　丽　沙培宁　张新平

林小云　赵建华　袁玲俊　耿　申

戚业国　彭　钢　蓝　维

序 一

"教育兴则国兴，教育强则国强。"实现中华民族伟大复兴的中国梦，归根到底是靠人才、靠教育，必须把教育事业放在优先位置。党的十九大报告提出的"建设教育强国"，主要方向是走中国特色社会主义教育发展道路。习近平总书记在2018年全国教育大会上明确提出"坚持扎根中国大地办教育"。中国的教育应根植于中华文明，守住中华优秀传统文化的根与魂，讲好中国教育故事，创生中国特色理论，为人类贡献中国智慧和中国方案。

宁波简称"甬"，位于长江三角洲南翼，是我国东南沿海重要港口城市和历史文化名城。宁波教育源远流长，长盛不衰。唐建州学，宋设县学，人文荟萃，贤才辈出。在河姆渡文化的孕育下，宁波先后出现了一批又一批有影响力的教育思想家，如宋元时期的高闶、王应麟等，明清时期的王阳明、钱德洪、徐爱、方孝孺、朱之瑜、黄宗羲等，民国时期的陈训正、张雪门、杨贤江等。这些先贤都为宁波的教育做出了不朽贡献，在中国的教育发展史上发挥了重要作用，是甬派教育家的典型代表。

改革开放以来，宁波市的基础教育实现了跨越式发展。宁波教育本着"以人民为中心"的宗旨，全力"办人民满意的教育"。

人民满意的教育是优质公平的教育，是"办好每一所学校""教好每一个孩子"的教育。谁来办好每一所学校呢？除了政府提供必要的条件外，"教师是立教之本、兴教之源"。那么，靠谁把广大教师组织起来呢？靠校长。有一位好校长，才有一所好学校。宁波基础教育高水平优质发展的伟大实践，急需一批"教育家型"的优秀校长。正是基于这种思路，从2009年开始，宁波市就启动了"甬派教育管理名家培养工程"，2017年3月启动了第二期工程。

　　一项人才培养工程能够持续开展十余年，并持续发挥重要作用，这本身就值得研究。长期以来，宁波市一直重视中小学校长和幼儿园园长队伍的建设，注重校（园）长成长规律和培训规律的研究，凭借宁波人"敢为人先"的创新精神，开创性地提出了教育干部培训的宁波模式和宁波经验，形成了"新任校长—合格校长—骨干校长—名校长—教育管理名家"的"五段三分双导"的校长培养完整体系。"甬派教育管理名家培养工程"位于宁波市教育干部培训"金字塔型"培养体系的塔尖，代表了宁波市教育干部培训工作的新高度，已经成为宁波市教育干部培训的新品牌。第二期"甬派教育管理名家培养工程"采用"双导师制"，聘请国内著名教育专家为理论导师，聘请全国有影响力的著名校长为实践导师，采用课题研究与经验提炼相结合的方式，来进行三年学习、两年展示的为期五年的培训，进而培养出教育管理的领军人物。这次出版的"甬派教育管理名家系列"丛书就是第二期培养对象经过三年学习，在名家的指导下，对自我教育实践进行提炼和提升的成果。

　　丛书的出版，虽然有种"立此存照"的意思，但更重要的是为了提供一种"本土经验""本土智慧"和"本土创造"。本系列丛书，有的是对办学实践的经验反思，有的是对办学主张的提炼梳理，有的是对办学理想的叙说表达……这些教育经验、教育主张、教育信念和教育理论，共同组成了新时代"甬派教育管理名家"的教育思想。细细品味丛书，我们可以清晰地感受到这批"甬派教育管理名家"办学思想背后的文化底蕴。

"知行合一，就是要行必务实。"本系列丛书的每一位作者都是宁波校长队伍中的优秀代表，他们的成长都建立在成功办学的基础上。每一本专著背后，都有一所或几所优质学校做后盾。从每一位校长的成长历程中，我们可以清晰地看到，"知行合一"已经成为他们共同遵循的基本观念。他们强调做实事、务实功、求实效，确保定下的每一件事能做到、能做好。他们强调"经世致用"学风，"务当务之务"，勇于任事，致力创新。本系列丛书记录了他们从理论到实践的行进方式，促进了宁波教育的率先发展，体现了"实践、认识、再实践、再认识"的实践论观点。

"知难而进，就是要行不懈怠。"本系列丛书在编写和出版过程中遇到的困难是显而易见的。从出版的数量上看，一项工程要出版 20 本专著，这在宁波市教育干部培训历史上是前所未有的。本系列丛书出版的组织者——宁波教育学院，坚持志不求易、事不避难，这种担当精神令人敬佩。从出版的质量上看，作为专著的作者，各位校长要从忙碌的日常管理工作中抽出时间是一件十分不易的事，而且在写作过程中还会遇到各种问题，这些对他们来说都是很大的挑战。但是，他们敢于直面挑战，勇于解决问题，把不可能变成了可能。因此，本系列丛书的成功出版，是各方知难而进、共同奋斗的结果。

"知书达理，就是要行而优雅。"有着400多年历史的天一阁，是中国现存较早的私家藏书楼，也是亚洲现有较为古老的图书馆和世界最早的三大家庭图书馆之一。它使人们真切地感受到了书香宁波的特有气质。本系列丛书的出版既是对这种城市魅力的共建，又是对流淌在宁波教育人身上"书卷气"的共识。从工程一期的《我的教育思想》到这次二期的系列丛书的出版，反映了宁波教育人注重内涵发展、崇尚理性思想、爱好著书立说的优雅旨趣。翻开丛书，我们从字里行间都能感受到各位校长在办学过程中体现出来的崇文重教、崇德向善的教育思想和知书达理、彬彬有礼的人格魅力。

"知恩图报，就是要行路思源。"宁波人懂感恩、会感恩，本系列丛书的出版也是一种感恩回报。在工程的实施过程中，他们有幸得到了全国著名教育专家的指导；他们感恩各位导师的辛勤付出，珍惜与导师的深厚情谊。本系列丛书的出版是他们对导师最好的回报。他们有幸遇到了北京师范大学出版社，敬业勤勉的编辑老师的专业指导助推了丛书的顺利出版。他们感恩党和政府，正是在党的正确领导下，才实现了他们的个人价值。他们感恩教育本身，蓬勃发展的教育事业为他们提供了研究教育、施展才华和专业成长的沃土。本系列丛书的出版，必将对宁波教育的发展发挥重要作用。他们感恩所有关心、支持和帮助过他们的人，本系列丛书正是他们抒发这种感恩之情的载体。书中提到的每件事、每个人，其背后都是浓浓的感恩之情。

总之，"甬派教育管理名家系列"丛书的出版是宁波教育史上的一件大事，是宁波教育向中国共产党成立100周年的献礼之作，必将对宁波教育努力率先高水平实现教育现代化的新时代总目标发挥重要作用。

苏泽庭

2020 年 8 月

序 二

2017年3月，宁波市第二期"甬派教育管理名家培养工程"启动，29位宁波市知名校长入围受训。此工程是宁波市加强校长队伍建设的创新之举，也是宁波市校长培训工作的顶端品牌，旨在落实"教育家办学"理念，通过培养一批"更加专业""更加卓越"的"本土教育家"校长，来领导宁波教育的创新发展。我受宁波市教育局、宁波教育学院、宁波市教育行政干部培训中心的委托，全权代邀10位国内著名的专家学者组成了一个专业的导师组；又因是宁波人的关系，被任命为组长。三年多来，经过面试面授、外出游学、著书立说、登台报告等环环相扣的程序，"甬派教育管理名家培养工程"已完成大部分的目标和任务，进入了最后的收官阶段。

回首当初，宁波市教育局、宁波教育学院、宁波市教育行政干部培训中心和导师组曾就此工程提出了"五个一"的目标，即申报立项一个课题，核心期刊上发表一篇学术论文，每年外出短期游学拜师一次，撰写一部教育管理专著，举办一次办学思想研讨会。其中，最为重头也最硬气的，就是要求第二批教育管理名家培养对象人人完成一部专著，即基于办学实际和对教育内涵、教育教学管理具体工作、办学育人规律的认识，对教育问题进行思考并总结行之有效的经验做法，通过思考、梳理、总结、提炼、集结成册，最后形成一本专著。令人欣慰的是，在宁波市教育局、宁波教育学院、宁波市教育行政干部培训中心的领导下，在导师组的精心指导下，29位培养对象中，除3人因工作调动不再担任校长外，有多位校长最终提交了书稿，编写成"甬派教育管理名家系列"丛书，由北京师范大学出版社正式出版，成为"甬派教育管理名家培养工程"的标志性成果。

30多年来，我始终关注学校的发展问题，特别是"校长"这个学校发展的关键性和决定性因素。俗话说得好，"火车跑得快，全凭车头带"。从某种意义上说，校长的素质决定学校的发展，没有高素质的校长，就不可能有学校的可持续发展。近年来，大量的学校实践案例和校长实践经验，让我对"一位好校长就是一所好学校"这一信条深信不疑。这一点已在第二期"甬派教育管理名家培养工程"的培养对象办学以及他们各自的专著中体现出来。2020年9月15日，《教育部等八部门关于进一步激发中小学办学活力的若干意见》（以下简称《意见》）发布，明确提出注重选优配强校长，努力造就一支政治过硬、品德高尚、业务精湛、治校有方的高素质专业化校长队伍。这是激发办学活力的关键性因素。《意见》不仅增强了实施"甬派教育管理名家培养工程"的信心和决心，也给未来中小学校长的选拔、培养与任用提出了新的目标和要求。

关于校长的素质特征、能力表现等，我结合近年来自己的研究，认为现在衡量和评判校长水平的重要标准或指标有了变化，除了显性的办学成就和管理水平外，还要看他教育思想的整体性、系统性和集成性，看他办学思路的完整性、清晰性和流畅性，看他育人成果的全面性、发展性和创新性。这些标准或指标，以往可以体现在学校章程、发展规划、年终总结或述职报告等载体中，如今必须通过系统思考、全面梳理和总结提炼，形成办学育人的规律性认识以及体系化建构，最终集合成综合性论文或学术专著来展示。这也是我们在第二期"甬派教育管理名家培养工程"中如此重视和强调著书立说的原因。

鼓励和引领校长去著书立说，在实际操作时容易走向功利化境地，对此社会上和教育界内出现了不少反对的声音。尽管我也特别反对教育中各种功利化的做法，如校长为出书而出书，但我还是会建议校长随时对自己的办学思路、行为及其结果进行思考、总结、梳理和提炼。这既是校长的基本功和校长专业发展的必修课，也是加强校长队伍建设的重要任务。那么，如何做好这一项工作？在此，我用教育管理名家的"名"字做些发挥，谈谈自己的三点体会，同时也表明我对"甬派教育管理名家培养工程"的认识、态度和立场。

第一，要弄清楚因何而"名"。所谓"名"，是指知名、著名。校长有名，实指校长声望高、有影响力。在现实中，名校长包括两层含义：一是名校的校长；二是知名或著名的校长。二者往往又是可以转化的。校长先担任名校的校长，再在办学上有所动作和贡献，使自己成为知名或著名的校长；也可以是知名或著名的校长执掌一所学校，把学校办成名校，使自己成为名校的校长。学术界给出了很多关于名校长的定义和主要特征，但从总体上看不外乎三个方面：一是办学成功，二是思想定型，三是影响力大。"甬派教育管理名家培养工程"的培养对象都或多或少地具备这三个方面的特征。

我一直认为，名校长是一个发展性的概念。任何事物的发展都是由量变到质变的过程。一位校长的成功与成名也是一个积累和发展的过程，不可能一夜成名。任何一位名校长，都是其办学思想和办学业绩得到广泛认可后才逐渐成名的。教育行政部门对名校长的认定只是一种形式。从根本上讲，名校长不是自封的，也不是任命的，而是社会公认的。名校长在被教育行政部门认定之前就已经在教育界和社会上具有一定的名望。名校长的"名"应是一种社会影响和社会认可。引导和鼓励校长成为名校长，可以使校长有更高的追求和境界，从而把学校办得更好。

第二，名校长要擅长"明"。一位优秀的校长必须有独具特色的教育思想并身体力行。苏霍姆林斯基根据自己多年从事校长工作的实践经验，提出领导学校，首先是教育思想的领导，其次才是行政上的领导。这是一个十分重要的观点，也是校长管理学校的客观规律。教育家是实践家，衡量教育家的首要标准就是他们在教育实践工作中的成绩：或育才有方，或治校有方、成绩突出。名校长都是成功的校长，是治校有方、办学成绩突出的校长，理应被称为教育家。教育家要有自己的办学思想，甚至有的教育家还创立了新的教育理论。他们都必须亲身从事教育实践，把办学思想和新的教育理论用于教育实践并且取得显著的成效，否则就不能被称为教育家。这是所有想成为名家的校长们必须懂得的道理。

"明"就是要明理。明理是读书人要达到一种通达慧明、明晓事理的境界。名校长要明以下三方面的理。一是教育之理，说的是教育的本质特征。《说文解字》对"教育"之理讲解得非常精辟："教，上所施下所效也。""育，养子使作善也。"这两句话表明育人是教育的本质。二是办学之理。办学是有规律可循的。办学规律及其衍生出来的运行体系、体制和机制等，都是办学之理。三是育人之理。弄清楚"培养什么人"的问题，这是教育的首要问题，同时还要弄清楚"怎样培养人""为谁培养人"等问题。这三个问题构成育人的有机整体，不可分割，只有如此才能培育和造就全面发展的人。名校长还要善于捕捉代表时代发展和前进方向的新思想、新观念，善于用批判的眼光、理性的思维去分析教育的问题，对自我教育行为进行反思，不断深化对教育的规律性认识。

第三，名校长要善于"鸣"。鸣，就是发出声音。意思就是，名校长要善于表达，善于发表自己的意见和主张，引导舆论，营造氛围。"千线万线，只有一个针眼穿。"千线万线指的是各种各样的政策、理论、理念和方法；这个针眼是指学校实践，任何政策、理论、理念和方法都要通过学校实践来落地实现。当下，名校长必须把以下问题的落实和解决作为己任，下足功夫，写好文章。一是全面贯彻党的教育方针，建立健全立德树人教育机制，大力发展素质教育，着力培养学生的社会责任感、创新精神和实践能力。二是深化教育教学改革，不断推进课程改革，优化教学方式，探索因材施教的路径、机制和策略，创建适合学生发展的教育体系。三是注重理论与实践的结合。校长要用科学的理论指导教育教学实践，要通过实践总结创造出新的科学理论，从而再用新的理论去指导新的实践，提高办学育人水平；同时，还要结合时代和教育的发展，不断融入新的元素，寻找新的增长点，实现发展目标。四是善于传播先进的教育思想理念，既能用自己先进的教育思想和教育价值去影响教师和改造教师，促进教师教育观念和教学行为自觉地转变，又能科学引导家长和社会树立正确的教育观、育人观，努力营造良好的教育生态环境。

陈如平

2020 年 9 月

序　三

雪霞老师是宁波市名校长，"甬派教育管理名家培养工程"培养对象。这些年在我们较为频繁的交往交流中，她给我留下了积极阳光、务实进取、优雅能干的美好印象。她对学校总是充满想象、激情和责任，希望在这里干出一番事业，实现学校与个人的共同成长；对同事老师总是满怀宽容、理解和期待，冀盼能为他们的发展和人生出彩搭建平台、创造机会；对学生总是饱含着关爱、耐心和厚望，坚信"每个孩子都有自己的幸福方式，教育能让每个生命更加美好"。2008年，雪霞老师走上校长岗位，在繁忙的工作之余，开始从更大范围来思考办学治校施教问题。在她看来，传统的小学领导与管理，因过于强调科层规矩而显得呆板死寂。传统老套的官僚式领导亟待改变，鲜活而有人情味的领导与管理急需构建。正是基于这样的感悟，她从其13年的校长领导经历出发，践行了一条通向"故事领导"的学校改革发展之路。《给校长的45个教育故事》一书，汇聚了学生成长、教师发展、课程变革、管理创新、文化营建、后勤服务、研学培训等多个方面的领导故事，较全面地展现了她对故事领导的深刻认识和现行办学治校问题的反思。

阅读该著，你会不由自主地感叹，雪霞校长是一位善讲故事和能带领师生共同"制造"故事的领导者；阅读她所撰述的45个学校领导故事，你会跟随她的步伐节奏，去思考诸如故事的功用以及故事领导的作用方式一类的问题。在此，我拟借雪霞校长大作面世之机，附庸她的旨趣，也谈谈个人对何谓领导故事又何谓故事领导等问题的认识，既算是一种祝贺，也算是对同一问题的再一次对话交流。

故事在我们的生命历程中发挥着至关重要的作用。谁能说他幼时从未听说过故事？我们哪一位从小不是从听着爸爸妈妈、爷爷奶奶、外公外婆、同伴和老师讲述故事的过程中成长起来的呢？故事之于我们的重要性：一是体现在它的可听性上。我们之所以喜爱故事，是因为它内容丰富、情节生动，能紧紧抓住人们的注意力。二是体现在它的对话性上。在故事的分享过程中，讲者与听者结成了紧密的联盟，他们关系亲密融洽、地位平等，听与说之间可以自由切换，整个气氛活泼而轻松。

故事源自日常生活，常见于如小说、童话、神话、传说、传记等不同的文学作品中。学校作为一种教书育人、教学相长的专门性组织，也充溢着丰富的"故事"。像路遥所写的为人熟知的《平凡的世界》，开篇所讲故事就发生在一所县立高中的大院坝里。学校是故事产生的沃土，不仅能生发出大量优秀的故事，也能为故事的传播和提升提供营养和环境。同时故事为学校的发展、师生关系的建构、学校领导与教师的对话、对学生的教育和引导、共同体的形成创设了互相理解的软环境，为校长开展领导工作创设了平等沟通的软渠道。

其一，故事是校园榜样存在的合理空间。学校教育与领导需要榜样，更需要故事。故事以极强的代入感为学校里的先进模范人物和事迹找寻到了一种持续存在的可能，模范在这种"可能"里以更加鲜活的姿态和形象存在，能更加高效地激发师生的积极思维和积极行为。其二，故事是愿景铺陈的有效载体。校长在向师生阐述学校发展愿景时，故事无疑是最生动的手段。通过讲述愿景故事，校长于无形间把自己的教育情怀、教育理念投射在每一位师生的头脑中，使听者聚合在了故事之中、愿景之中，形成了学校发展的共同体。其三，故事是平等沟通的温和形式。在故事中，无论是讲者还是听者，其心理位差都被故事的情节所消弭。校长与师生、教师与学生处于平等的状态，这种温和的、旨在增进理解的方式，比指令监控式领导更加有效和可靠。其四，故事是领导行为发生的无形情境。通俗性的故事是民主型领导情境的必需品，校长在讲述故事的同时也创设了一个与师生共有共享的领导情境。在此情境中，校长寻求的共同理想和情感认同得以实现，团队增强了向心力，个体能量得以进一步激发。

故事让学校教育更有生命力。在学校里，故事真谛的光芒更加耀眼；在故事里，学校教育更具活力。第一，学生对于故事更加亲近和易受。相较成人，学生对于故事有更强的认同感和亲近感。讲述故事比灌输道理收效更高。开展故事教学和故事领导，学生是最能认同并有收获的。第二，教师对故事具有更强的理解力和传播力。相较于其他职业，中小学教师更善于将故事运用于自身工作情境中，用故事来引导和教育学生，如吸引学生的注意力，维持课堂教学秩序等，提高自身的人文感染力和教学效率。第三，校长更具有发现故事和创编故事的"先天优势"。校长身边经常涌现的大量充满教育价值和领导价值的故事，为其开展故事教育和故事领导提供了可收集和创编的素材。第四，校园中每个人都乐意成为故事中的人。每个人都渴望在故事中留下自己的形象，都渴望在故事中扮演角色，故事为每一个人自我形象的塑造搭建了平台，促使每个人不断地完善自我。

现在一些有人文关爱和平等协商意识的校长，开始在自身工作中以创新的态度和基于故事的视角，来改革领导和提升领导品质。这种领导追求和领导形式，有研究者称之为"故事型领导"。譬如，何丽君认为："所谓故事型领导，指的是通过故事编撰、故事叙说与故事反思，影响跟随者的愿景、理念和价值观，进而有效达成既定目标的领导方法与过程。领导、故事、讲故事三者相互串联、相互影响，形成复杂的故事领导关系。"[①]但更多的研究者将其直接表述为"故事领导"。譬如，林曜圣提出，"故事领导"乃是"领导者在进行领导作为时，利用故事与领导的关联性，透过叙说与传播和其领导情境相关的领导故事，企图对部属发挥影响力，并且传递相关的讯息与价值观，期待能更有效地达成预定目标与组织任务的方法与过程"[②]。

知名的多元智能理论阐释者加德纳曾指出，故事领导力乃是表达与行动(talk and walk)的统一，"一位致力于创新变革的领导者应该具备三种能力：讲故事的能力、行动能力和执行能力"[③]。讲故事的能力是指领导者善于创编故事、讲述故事并修

---

① 何丽君：《走近故事型领导》，载《领导科学》，2010(10)。
② 林曜圣：《"学校故事学"理论架构之探究》，载《教育学报》，2012(6)。
③ Howard Gardner, *The Disciplined Mind: Beyond Facts and Standardized Tests, the K-12 Education That Every Child Deserves*, New York, Penguin Group (USA) Incorporated, 1999, p. 229.

正故事；行动能力是指领导者能够身体力行，以实际行动向追随者展示他实现故事的过程和方式；执行能力是指领导者稳步推进计划并在必要时依据实际情况对计划进行修改的能力。这三种能力与故事密不可分，共同构架起故事领导力。

尽管研究者似乎更倾向于将故事领导视为一种领导方式和过程，但故事领导也是一种思想观念的转变和学校领导文化的重构活动。故事领导是在故事分享过程中所生发出来的一种复合性影响力、感染力、引发力、启悟力。故事领导并不只是由讲者向听者有意施加的一种单向度作用，听者在积极回应、参与讲述的过程中也形成了一种向上或平行的发散性影响，从而实现了故事领导显著不同于管控指令式领导的价值与功能。在我看来，对于那些试图以故事领导来改善和提升办学治校品质的校长来说，重视加德纳将故事领导视为一种能力提升的观点尤有必要。增强故事领导力的法门在于用故事领导和在故事中领导。校长要把故事融入学校领导之中，对内改善人际关系，激励师生正向行为，提升资源的利用率；对外树立学校品牌，打造学校特色，用故事促进学校的高品质发展。为此，校长应着重提升自身的故事领导力，从讲述生活故事、教育故事、领导故事开始，培养故事意识、故事思维，努力增强故事领导力，以故事领导力去引领和改变他人。这主要包括三个要点。

一是将故事进行系统化整理。故事领导力要求校长有目的地收集、创编、分类、使用故事，运用故事把零碎的信息整合起来，形成一种共享的、平等的、参与式的交流氛围。校长应努力尝试将故事专题化，如人物故事专题，可分为教师的故事、学生的故事、名人的故事等；将故事系列化，按照故事的用途划分为讲述学校发展历程的故事、展现学校发展愿景的故事，以获得一种认同和融入；将故事常态化，把专题化、系列化的故事与校长办学管校施教的所有工作联系起来，与每个学期、每个学年甚至学校的长远发展规划联系起来，形成常态化的领导故事。

二是要善于倾听和解读故事。故事领导力要求校长不仅要会讲故事，还要会听故事。校长既要学会倾听、主动倾听、用心倾听，听学生的故事、教师的故事、来访者的故事、其他学校的故事；也要学会绘制脑中的图式，把听到的故事在脑中勾勒出具象图式，并尝试与其他故事的图式勾连起来，形成故事图景；还要学会在听故事过程中捕捉关键信息，洞察讲者的诉求和想法，听出弦外之音，如委婉的恳请或间接的批评。

三是培育学校故事领导共同体。校长要充分发挥故事领导力，通过故事发现人、成就人，在故事中培养一批会讲故事、善讲故事的教育人。校长不仅自己要用故事感染师生的情绪，激发师生的积极行为，促进师生形成合力，加速学校发展；还应引导他人学会讲故事，促进故事班级、故事学校、故事共同体的形成。校长只有帮助他人学会讲故事，才能拓展自己的人生故事，丰富他人的人生故事，成就学校的教育故事。这乃是故事领导最大的魅力。

是为序。

张新平

2021 年 8 月 1 日

目录
CONTENTS

引言　做一个有信仰的教育者 / 1

第一章　尊重天性，让学生适性成长 / 8

　　故事一　每个孩子都有自己的幸福方式 / 10

　　故事二　教育是一种温暖的传递 / 12

　　故事三　摄影社团成就小文 / 14

　　故事四　在彩排中成长 / 17

　　故事五　跳蚤市场和冰激凌 / 20

　　故事六　充满活力的大课间 / 23

　　故事七　让每一个学生适性成长
　　　　　　——我的"特色"探索之路 / 26

第二章　点燃心灯，让教师快速发展 / 31

　　故事八　鹰山学社 / 33

　　故事九　凤凰涅槃记 / 37

故事十　带电声乐队的数学老师 / 40

　　故事十一　"佛系"青年觉醒记 / 42

　　故事十二　"三人行" / 46

　　故事十三　总是爱迟到的音乐老师 / 49

　　故事十四　从"被"成长到"倍"成长 / 55

第三章　各尽其才，搭建课程平台 / 59

　　故事十五　校园创意小海报 / 61

　　故事十六　从一节优质课到一门"碶"课程 / 66

　　故事十七　严老师的C+C布艺社团 / 71

　　故事十八　水果采摘来竞标 / 75

　　故事十九　我的课程，我喜欢 / 78

　　故事二十　门卫师傅也成了课程老师 / 82

　　故事二十一　适性校史课程为学生打上母校的印记 / 85

第四章　借势破局，让管理充满智慧 / 91

　　故事二十二　管理即通人心 / 93

　　故事二十三　无规矩不成方圆 / 97

　　故事二十四　抽查变抽奖 / 100

　　故事二十五　校长要会"造东风" / 103

　　故事二十六　班主任调动风波 / 106

　　故事二十七　你是泰河学校"千里眼"吗？ / 110

第五章　物以载道，让文化凝聚人心 / 113

　　故事二十八　茶艺风格的教研活动室 / 115

　　故事二十九　学校绿地变身记 / 117

　　故事三十　图书馆命名记 / 120

　　故事三十一　一条开满鲜花的小路 / 123

故事三十二　校庆和生日蛋糕 / 126

故事三十三　穿校服撞上愚人节 / 129

故事三十四　才艺大赛和小龙虾 / 133

故事三十五　校史文化传承的思与行 / 136

第六章　变堵为疏，让后勤也能育人 / 142

故事三十六　食堂就餐治堵记 / 144

故事三十七　泔渍桶称重记 / 148

故事三十八　评选最喜欢的校园菜 / 151

故事三十九　打通管理的最后一公里 / 155

故事四十　围观兔子风波 / 158

故事四十一　门外汉造新房 / 161

故事四十二　玻璃碎了，赔钱就了事吗 / 166

第七章　培训研修，他山之石可以攻玉 / 170

故事四十三　北师大培训略记 / 171

故事四十四　杭州崇文实验学校学习有感 / 185

故事四十五　一所始终在研究着、琢磨着的学校 / 192

后记　走在"故事领导"的路上 / 195

引言　做一个有信仰的教育者

再小的舞台也有自己的精彩

1991年，17岁的我从宁波师范毕业，回到了我的母校——枫林小学。上班第一天，我扎着马尾、一袭白裙，本以为能给家长们留下个好印象，不承想听到的都是质疑声："一张娃娃脸，能当好老师吗？""才几岁，管得了我家孩子吗？"我原本不太乐意当老师，但是家长们对于我的不信任，反倒激发了我的斗志，我暗下决心：我一定要当好老师。怀着这个朴素的愿望，我开始了一年级语数包班的教学。学校给我分配了一位师父倪老师，她一直教导我："认认真真对待每节课，踏踏实实做好每件事。"有缘的是，学校的教导主任竟是我初中的数学老师顾老师。他是一个非常严谨负责的人，每个星期都会来推门听课，课后仔细翻看我的备课本，检查我作业的批改情况。所以一直到现在，我绝对不敢不备课就进入教室开始上课，我永远担心会不会有一个人像顾老师一样来查我的备课本。枫林小学地处偏僻，信息闭塞，也没有其他休闲娱乐的活动。为了上好课，我常常需要查阅很多资料，渐渐地，我养成了每天翻看教学杂志的习惯，《小学数学教师》《中小学数学》《人民教育》等杂志成了我的枕边书，白天教学、晚上学习成了我的常态。记得有一个冬天的晚上，我认真地准备一份试卷，等我出完试卷，才发现漫天大雪，大地已苍茫一片。在枫林的最后一年，我冲出学区参加了北仑区优质课比赛，获得低段组第一名。师父看到我的成长，欣慰地说："我什么都没有教过你，你却这么懂事，真是我的幸运。"可是我知道，我的师父教会了我最重要的东西：用心对待工作是对自己最好的报答！现在回想起来，在枫林的四年是我人生中最难以忘怀的一段日子，这段经历为我奠定了坚实的知识基础，使我形成了扎实的基本技能，养成了良好的职业习惯，保持着对教育自始至终的敬畏。枫林小学是个小地方，可是再小的舞台也一样会有属于自己的精彩。

关注细节是一个人成长的秘诀

1995年，我被调到当时地处宁波市经济技术开发区的蔚斗小学，那里生源好，师资优。在蔚斗小学，我觉得自己就像个后进生，要学习、要适应的地方太多太多。幸运的是，我遇到了很多伯乐。1997年，学校让我担任大队辅导员，我十分怀疑自己："为什么是我？我这样的人能当好大队辅导员吗？"担任大队辅导员后的第一个月，我便接到了一个任务：承办北仑区少先队现场观摩会。这对于刚踏入辅导员队伍的我来说是一个巨大的挑战，我请教老辅导员，翻阅杂志寻找思路，连日连夜地为此做准备。记得在活动的前一天，我去山上采了很多野花，把它们连着花泥装在一个个篮子里，把原本陈旧的队室装扮得生机勃勃。第二天的活动十分成功，受到了团区委和教育局领导的一致称赞，团区委还给了我一个很好的机会——到团省委学习半个月。大队辅导员的经历锻炼了我的活动策划能力和语言表达能力。我清楚地记得每个星期天的晚上我都在痛苦中度过，那是因为我必须写好国旗下讲话的内容，做到紧扣时事、深入浅出、脱稿演讲。大队辅导员好比是治安管理员，管着全校学生的文明纪律，为了能够成为全校学生又爱又怕的人，我还练就了一项绝活：叫得出全校所有学生的名字。如今，年龄渐长，功力大不如前，叫出全校学生的名字成了我最美好的怀念。

人生有目标就会充满生长的力量

在担任大队辅导员的同时，我不敢放弃自己的专业。当时分管教学业务的史龙国校长跟我说："一个数学老师不仅要上好课，还要写好论文。你的课上得好，但是论文写得不好，我们学校论文的最好成绩是宁波市三等奖，不知道你能不能突破。"我当时在心里暗暗地想："写论文，就我这区三等奖的水平，能突破吗？"其实，人生就怕没有目标，只要有目标就可以做到。我开始认真写论文，第一年一篇论文获得区二等奖，第二年，我查阅了大量的资料，结合自己的教学实践，撰写的一篇论文获得了宁波市一等奖第一名、浙江省二等奖。2002年，教育局给了我一个令我终生感谢的机会——参加浙江省"5522"名师培养工程。在为期两年的培训中，我结识了很多浙江省著名的数学教师，他们高尚的师德和超强的人格魅力感染着我，我希望自己做一个像他们一样的人。在此之后，我积极投身于新课程改革，参与了教材的编审、作业本的编写，参与了省长工程教学示范课录像，参加了多次省、市新课程改革的经验分享，多篇关于数学教学思考的文章在《中小学数学》发表，很顺利地评上了高级教师和宁波市数学学科骨干。一路走来，感谢浙江省数学教研员斯苗儿老师给我一个个平台，感谢"5522"名师班的班主任、浙江外国语学院教育学院院长吴卫东老师一次次地鼓励，感谢我数学路上的贵人北仑区数学教研员任瑞申老师。因为他们的鼓励，我才逐渐意识到原来自己也可以很优秀。

始终相信教育能让每个生命更加美好

2008年，我担任了蔚斗小学的校长。蔚斗小学是一所具有深厚人文底蕴的学校，由于宁波市经济技术开发区的搬迁，学校生源发生了很大变化，50%以上的学生是外来务工人员的子女，他们中有很多不自信、敏感的同学。我始终相信教育能让每个生命变得更美好，如何让他们找到自信，找到属于他们的美好是我一直思考的问题。基于加德纳多元智能的理论，结合体艺2+1项目，我们开展了基于儿童适性成长的社团课程，每个孩子每天都可以根据自己的兴趣爱好参加自己喜欢的社团。这项活动开展后，学生因有特长而变得自信，因自信而喜欢学习，学校获奖的人数越来越多，学生的成绩越来越好，学校的名气也越来越大。中央电视台《焦点访谈》《中国教育报》《中国青年报》《中小学管理》等媒体杂志都宣传报道了蔚斗小学的社团课程管理经验。"适性教育"在蔚斗小学的成功实践，让我更加坚信"每个孩子都有自己的幸福方式，教育能让每个生命更加美好"。

2011年响应区政府的号召，我接管一所大规模外来务工人员子弟小学。当我第一次走进这所小学时，看到的是狭窄的通道、拥挤的教室、简易的厕所、寒酸的午餐……我问学生们："厕所只有几个坑位，你们平时上厕所不挤吗？"没想到学生们异口同声地回答："我们不喝水，不上厕所。"我内心五味翻腾，心中只有一个想法：我应该让这些学生的生活更加美好。在短短十天里，我们改造了食堂，打出了两条楼道，改建了两个厕所，新增了5间教室。我们派了一个专业的管理团队，让那里的学生吃上了跟蔚斗学生一样的饭菜，穿上了跟蔚斗学生一样的校服，享受到了跟蔚斗学生一样的教师资源。我一直这样提醒着自己：每个孩子都是家庭的希望，我要让每个孩子的生命因教育变得更加美好。教育不仅仅应该让学生的生命更加美好，还应该让每个教师的生命更加美好，我同样致力于教师生命美好的事业，开设教工社团，成立"鹰山学社"青共体，蔚斗小学成为"浙江省教师发展学校"，推动教师专业快速成长。

把学生的成长作为我起心动念的起点和归宿

2018年8月，我调任北仑区泰河学校校长。这是一所快速发展的大规模学校，设计规模60个班级，而且刚刚从九年一贯制学校转型，急需要从校园环境、学校制度上打造小学的文化。

我来到学校的第一天，发现教室的窗帘破损比较严重，颜色也很灰暗，和行政班子商量后快速更换了窗帘，红白蓝三色拼接的窗帘一下子让学校的色彩亮丽起来。随后我和老师们在资金十分有限的情况下，想方设法、精打细算地改善校园环境，三年间，我们几乎改建了学校所有的场地、教室，学校的外墙也全部重新进行了粉刷，但唯独行政楼没有做任何装修，这是因为我们始终把学生的成长作为起心动念的起点和归宿，我们要把有限的资金用在学生最需要的地方。

2020年爆发了新冠肺炎疫情。4月20日复学，但因为受疫情影响，社会托管机构暂时缺位，学生放学后去哪里成了大问题。我们顶住压力举办"四点钟学校"，方便家长接送，也为能尽快复工复产尽一份力量。我们考虑到放学时间延迟了，学生可能会饿肚子，这对于正在快速长身体的学生来说很不利。于是，我们和家委会商量，共同努力为学生提供下午点心。我们希望"四点钟学校"的课程尽量能够丰富多彩一些，于是把学校的音体美教师分配到低中段年级，开设班级特色体艺课程，学生不出校门，就可以享受到在少年宫才能够享受到的特长培训。我们的"四点钟学校"从教师安排、内容设置、点心提供、准时放学等角度来说，都让家长十分满意，学生参与率接近100%。其实，我们当时决定要办"四点钟学校"，是顶着压力的；提供下午点心，我们也是顶着很大压力的；开设"四点钟学校"班级特色体艺课程，我们也是有着种种顾虑的。但是我觉得要把学生的成长作为我们起心动念的起点和归宿，同时要心甘情愿地为学生的成长付出时间和精力，这中间可能会顶着一些压力，但只要大方向是正确的，一定会朝着正确的方向发展。一旦决定去做，那就要全力以赴，努力做好一件事，这样才能把事一件件做好。正是因为有着这样的信心和决心，加上上级领导的大力支持，泰河学校教育质量快速提升，成了老百姓家门口的好学校。

我从一位普通的教师成长为宁波市名校长，并有幸成为第二批"甬派教育管理名家培养工程"培养对象。回想自己走过的道路，有太多需要感谢的人，感谢给我机会、给我鼓励的教育局历任领导，感谢人生中的伯乐贺师良校长，感谢蔚斗小学、泰河学校一直默默支持我、陪伴我的同事们。

尼采曾说，每一个不曾起舞的日子，都是对生命的辜负。可是当我们身处琐碎的生活，为繁杂的事务忙忙碌碌，生命该如何起舞？天道酬勤，业精于勤，每一个生命起舞都不曾离开勤奋、拼搏，当你全力以赴时，时光创造传奇，双手浇铸未来。尽管未来仍有较多遗憾，但感动的温情盈满我的心间，令我有足够的勇气去期待一个更好的自己、更好的未来。

第一章
尊重天性，让学生适性成长

学生是学校最为核心的教育对象，没有学生好的发展，学校教育就谈不上好。学生的成长和发展不仅需要校长和教师关注每个学生的特征，发现每个学生的潜能，还需要学校组织以学生为中心的校园活动，为学生的成长提供良好的环境。在多年的教育管理实践中，我一直认为，教育应该给每一位学生提供适合的教育，使每一位学生都能够通过学校教育充分发挥自己的优势，成为最好的自己。这就需要我们的学校教育不拘泥于单一的模式，努力探索出多样化和特色化的学生发展模式，帮助学生通过学校教育实现多样化发展，使每一位学生都能够适性成长。本章所选取的7个故事都是我对如何在学校中进行适性教育的一些实践探索。

《每个孩子都有自己的幸福方式》是我在与儿童互动中形成的一种对儿童多样化天赋才能的内在感受和感悟：每

个孩子是那么的与众不同。他们就像花蕾，有不同的花期，最后开的花，与最早开的花一样美丽！我们要做的，是尽量尊重他们的天性，施以适当的教育，让他们适时适性地成长，用生命的润泽让每一个孩子都感受到幸福！这样的教育观一直激励着我探索让每一位儿童适性成长的路径。本章选取的《让每一个学生适性成长》的故事所记录的就是我为这一教育理念不断进行探索、精进和寻找理论支撑的过程。

《在彩排中成长》《摄影社团成就小文》和《充满活力的大课间》三篇故事所讲述的都是适性成长理念在学校教育实践中成功实施的具体的案例。我相信这样一些案例的成功实施可以帮助我们不断地探索更多的促进学生适性成长的学校教育改革方案，以及更加富有活力与创造力的学校教育改革项目。

《跳蚤市场和冰激凌》和《教育是一种温暖的传递》是富有情感教育价值的两个故事。学生的社会情感学习是学生适性成长的基石，对于学生的未来成功起着至关重要的作用。未来我们所培养的学生不仅要成为富有创造力、高阶思维能力的学习者，同时也要成为富有同情心和社会性，能够进行自我情绪调节，能够理解他人，具有合作精神的世界人。希望这些小故事对您有所启示。

故事一　每个孩子都有自己的幸福方式

校园里有很多孩子,他们有的很聪明,有的很漂亮,有的很腼腆,有的很调皮,但是每一个孩子都是他自己,每一个孩子都是如此的与众不同。

学生小唐,自小失去妈妈。我认识他,是因为有天下雨时他脱了上衣在校园里跑,成了"新闻人物"。有一天他在果园里逛,我摘了一个橘子,剥给他吃,然后牵着他的手在校园里绕了一圈。送小唐回教室的时候,他突然站住,说:"妈妈,再见!"我笑着向他挥挥手。从此以后,每次小唐看到我,就会飞快地向我跑来,大声地喊着:"妈妈,妈妈!"而我也每次都笑着回应,搂着他的脖子,说几句话。外出培训一周,回到学校,看到一个孩子疯了似的向我跑来,激动地叫着:"妈妈,妈妈!"原来是小唐!他一头扑在我的怀里,仰着头幸福地微笑着望着我,然后突然间跑向了人群,手舞足蹈地嚷着:"妈妈回来了!妈妈,妈妈!"那清澈至极的眼神,如此纯净,如此幸福……

学生小许,白白净净,成绩总是不够理想。我和他聊天:"你快乐吗?"他看着我,点了点头。"为什么?"他笑笑,腼腆地说:"我喜欢学校,喜欢上课,喜欢老师,因为老师喜欢我。""那同学喜欢你吗?""喜欢,他们都对我好!"忽然间,他笑了起来,说:"我跑步全班最快了,我能为班级拿分!""你真厉害!"我竖起大拇指,他笑着看着我,一脸幸福……

学生小孙，非常聪明，非常有个性，听说这个学期终于被编程社团录取了。我前段时间在校园里碰到他，问他最近感觉如何，他眨巴着眼睛斜斜地看着我，悠悠地说："我被编程社团录取了，我编程很厉害的！"那样子，仿佛全天下最厉害的人就是他了……

　　每一个孩子都是天使，每一个孩子都有自己的幸福方式，每个孩子又是那么的与众不同。他们就像花蕾，有不同的花期，最后开的花，与最早开的花一样美丽！我们要做的，是尽量尊重他们的天性，施以适当的教育，让他们适时适性地成长，用生命的润泽让每一个孩子都感受到幸福！真的希望，我们的教育行动，能让孩子触摸到春天般的幸福……

智慧点睛：

　　学校教育绝对不是要使所有学生都成为一模一样的人，因此学校对学生的培养也要拒绝"流水线"生产模式，尊重和欣赏每一个学生的天赋秉性。

故事二　教育是一种温暖的传递

毕业典礼的系列活动——种植毕业林的那天早上，大队辅导员打电话给我，希望我能够在这个活动中为学生们讲一段话。给学生们讲什么呢？我左思右想，觉得应该讲一讲树和人的关系，讲一讲树和人之间的温情传递，于是，我给学生们讲了一个故事。

"我出生那年，我的爸爸在家门口种了一棵樟树，在我出嫁那年，他把樟树砍了，请人用其中最好的一段做了一个樟木箱，作为嫁妆之一。我把这个略显笨拙的箱子放在了卧室的床边，每天闻着樟木发出的淡淡香气入眠。现在，我已经搬了三次家，但是始终带着爸爸送给我的这个樟木箱。我相信，不管搬到哪里，我都会带着这个看起来笨重的箱子。

"后来我的女儿出生了，我的爸爸在家门口栽了两棵龙爪槐。又过了几年，我们老家要拆迁了。我的爸爸几个晚上都没有睡好，他舍不得这个生活了一辈子的地方，舍不得那些如儿女般养护的树，最后他决定把家里的几棵树种到学校里来，他说：'把树卖了，太可惜，不知道能否存活。随便种到别的地方去，也不好。学校总会一直保留着，50年之内总不会搬，还是种到学校里最好。'于是，我们就把几棵银杏树和龙爪槐种到了学校的悦园里。每次，我经过悦园的时候，都会特意去看看那几棵树。再过几个月，我的女儿就要小学毕业了。我想在毕业那天，带着她来到树前，告诉她，这是外公为她种的树，一棵和她一起成长的树，希望她离开小学后，能够经常来看看，也希望她能够记得在校园里，有一棵属于她的树。"

学生们静静地看着我，眼神里充满了温柔和期待。我继续说："在这个明媚的春天里，请和你的同伴一起种下一棵希望的树，友谊的树；若干年后，在某个飘满栀子花香的清晨，你会想起，在那个美丽的校园里，有一棵你种下的栀子树，一棵你和同伴们一起种下的属于童年的树，在那棵树的周围，洒满了银铃般的笑声，溢满了十二岁的幸福！"

我的故事讲完了，学生们惊喜而又急切地看着我。我不知道他们是否理解了我讲这个故事的本意，不知道他们是否能从中理解父母对孩子如大地般广袤的爱意，不知道他们是否能从中理解孩子对父母深深的眷恋和感恩之情。但是我从他们闪亮的眼神中感受到了他们的欣喜，那种对活动价值的重新认识，那种对情谊延续的满怀期待。看着他们热情洋溢地拿着锄头，和小伙伴们一起种下栀子树的时候，我觉得自己的目的达到了。

在校园里种下一棵树，校园里就有了一份情，一份学生们和学校之间的情，这份情因教育而让温暖传递，因教育而让这个世界彼此关联，互相亲近。我不禁想到，教育或许是一种温暖的传递！

智慧点睛：

雅斯贝尔斯《什么是教育》中有一句话："教育的本质意味着一棵树摇动另一棵树，一朵云推动另一朵云，一个灵魂唤醒另一个灵魂。"

故事三　摄影社团成就小文

学生小文是一个白白胖胖的男孩，喜欢语文，讨厌数学，比较内向，十分敏感。由于先天性眼肌无力，虽然曾经动了几次手术，可是他的一只眼睛的眼皮总是耷拉着，为此，他最讨厌别人看他的眼睛，谁要是运气不好，可能会因为看他眼睛被他揍一顿。在他四年级的时候学校启动了学生社团的建设，他也曾报名参加过学校多个社团，但并无所长，往往参加几次后便信心顿失。用他自己的话说："参加过许多社团，可都被'贬'了回来……"五年级的时候，摄影社团成立了，班主任赵老师鼓励他去报名，他抱着试试看的心态报名参加了。没想到，在这里他发现了自己的天赋，他发现自己仿佛是为摄影而生的，因为在摄影的时候大多数人都需要闭上一只眼睛，而他却有天生的优势。看到一张张精美的照片从他的单反相机中跳出来，他感觉到前所未有的自信，感觉到前所未有的欣喜。三个月后他参加区现场摄影比赛获得一等奖，第二年参加浙江省摄影比赛获得三等奖……六年级时，学校特意为他举行了个人摄影作品展，中央电视台《焦点访谈》栏目来我们学校采访了他。看到他如此意气风发，谁能想到，他曾经是一个那么自卑的男孩！

小文自从喜欢上摄影之后，再也不介意别人会看他的眼睛，因为他认为"有天赋的人往往是有缺陷的"。他每天背着相机在校园里行走，抓拍美好的人、美好的事。老师们呢，也特别喜欢这个"摄影师"，班级里有什么活动，学校有什么比赛，都喜欢叫上他。于是，小文同学成了全校的摄影师，成了学校的"明星人物"。不喜欢数学的他，不知道什么时候开始也喜欢上了数学，据说是因为数学老师经常请他拍照，数学老师说"小文拍照技术全校最佳"……班主任老师鼓励他，说他感情细腻敏锐，可以把握常人难以把握的微妙瞬间，一定可以学好所有的学科。他很自豪，很有信心，开开心心地对待每一门课程。小学毕业时，小文以优异的成绩进入了一所好学校。毕业典礼后，小文的爸爸妈妈带着小文来到我的办公室，深深地向我鞠了一躬说："感谢学校的摄影社团，让他知道人生是如此美妙，或许他以后不一定会成为一个摄影师，但是，摄影会是他人生中重要的一部分，在摄影的天地里，他感到前所未有的自信；在摄影的过程中，他觉得人生有太多事情需要努力。"

小文的故事深深地打动了我，也打动了很多人。其实，自从学校开设社团后，像他这样的学生何止一个。因为喜欢跳舞而自信的小单，因为喜欢唱歌而自信的女孩子怡，因为喜欢打乒乓球而自信的小刚……有多少学生从中变得自信而更喜欢学习、喜欢学校。我们曾经做过一个关于社团的问卷调查：83%的学生选择了"社团课程让我觉得学习也是一件幸福的事"，76%的学生选择"参加社团后学习成绩进步了"，100%的学生选择"才艺或作品得到展示让我十分开心"。这些数据提醒着我，必须关注学生发展的内驱力。加德纳多元智能理论告诉我们，每个人都有天生的弱势项目和优势项目。学习的兴趣往往是在获取成功并逐渐自信的基础上累积形成的。学校教育一定要符合人的个性发展需求，要努力提供学生个性发展的平台，张扬个性，挖掘潜能，让每一个学生在学校里自信地学习生活。

智慧点睛：

教育公平不是通过给所有的学生同等数量的资源，实现教育过程上的平等，而是通过给每一个学生提供最适合他的教育，实现教育结果上的公平。

故事四　在彩排中成长

这几年我们学校的接待工作比较多，我不愿意总把精力花在接待上，觉得接待会影响学生的正常学习，影响教师的正常工作，往往是带着参观团走一圈，大屏幕上打出欢迎词，简单汇报一下了事。记得一位领导开玩笑地说："你们啊，第一次来看是这样，真正展示的时候也是这样。人家某校，平时不怎么样，真正展示的时候让人刮目相看。"这话在我听来，是在表扬我们平时工作扎扎实实，表扬我们不做假。所以，我总喜欢跟人家说："我们学校是常态展示，每一天来都是真实情境。"只是，最近的一件事情触动了我，使我的想法发生了改变。

6月1日当天领导来学校慰问，大队部把慰问活动定位为：让领导在学生们的带领下一起玩，让他们重温童年幸福时光。这个主意好！那么，哪些学生做小导游？怎样陪同？要玩哪些游园项目？要说些什么？一大堆问题，对学生来说也是一种挑战。

大队部开始选人，开始训练。这时有人提出要彩排一下，看看学生的应急能力究竟如何。"要彩排吗？干吗那么重视，我们不是常态展示吗？不要太做作哦！"有几位行政人员提出了异议。"可是学生的能力怎样，心里没底啊，还是彩排一下吧！"大队辅导员不放心，用期待的眼神望着我，我只好表示"那还是彩排一下比较好"。于是，我们拉了一帮人扮演领导，鼓掌、挂红领巾、说欢迎词……一彩排，发现问题多多：低年级的学生不会给对方挂红领巾，校史说不清楚，拉住对方的手后不知道说什么……我们只好再扮演一次领导，连续几次，似乎好了一些。大队辅导员很用心，给每个学生一份导游词，并叮嘱大家晚上一定要去练习。第二天一早，小"导游"们又进行了一次彩排，效果比第一次好多了。学生们已经能够熟练地为我们挂上红领巾，熟练地致欢迎词，熟练地拉起我们的手，一边介绍校史一边带领游园参观。据说，他们都认真地学习了校史，分别打听了哪些游园项目比较好玩，路线怎样走。一个一年级的学生说，昨天他家是外婆扮演领导，爸爸妈妈在旁边指导。我想象着灯光下这一温馨的场面，想象着孩子在家长的指导下一次次练习，想象着一家人欢乐的笑声。对这个孩子来说，这个六一儿童节好特别！

领导如期而至，小"导游"们大方地鼓掌，挂红领巾，拉起领导的手参观，一切做得有模有样，学生们带领着领导们一起玩童年的游戏，粘鼻子、抓泥鳅、跳竹竿舞、扔飞镖……领导们和学生们一起快乐地玩耍，一起快乐地做鬼脸，一起快乐地合影……

这次接待得到了很高的评价，真实的情境，互动的安排，热情的接待，真诚的交流……对这些学生来说，这次小导游的经历可能让他们花费了一些时间，影响了几节课，但是他们的收获远远超越了普通的几节课。在一次次的训练中，他们对学校的认识更加全面，心态更加阳光，与人沟通的能力得到锻炼。这难道不就是活动的价值吗？就像上公开课，磨课的经历是最能让人成长的；就像比赛，赛前的准备也是真正促进成长的关键。这次六一儿童节接待活动让我们看到，学生在这样的经历中能够更好地成长，在这样的经历中更好地完善，所以，我们要给他们一次次彩排的机会，因为，每一次彩排都是一次成长，每一次彩排都是一次进步。

智慧点睛：

　　优秀的领导者是善于发现机会和创造机会的人，只有真正从学生的角度出发，从促进学生发展的角度去考虑问题，我们才能在日常的学校活动中为学生找寻到更多不一样的发展机遇。

故事五　跳蚤市场和冰激凌

泰河学校第五届"图书跳蚤市场"活动即将开启，如何吸引"顾客"的眼球，让图书可以大卖，每个班的学生都有自己的办法。108班的小林老师决定放手让学生们自主策划。经过激烈的讨论，学生们提出了三种促销方式：买书打折、购书抽奖送礼品、购书送冰激凌。经过全班投票，"购书送冰激凌"得票最高。

活动当天，每一个班级都设立了摊位，放上了海报，学生们都使出浑身解数招揽顾客。小林老师穿上大狗熊玩偶服，两个学生穿着小狗熊玩偶服，举着"买一本书，送一杯冰激凌""买一本书，可以和我合影"的海报在操场上揽客。小顾客们看到如此可爱的大小狗熊，看到买书不仅可以合影居然还送冰激凌，立马被吸引，大狗熊走到哪里，小顾客们跟到哪里，108班摊位前人潮涌动，购书场面火爆，冰激凌供不应求。由于太过畅销，准备的书一下子卖空了，108班用团购价迅速从其他班低价购入图书继续开卖，结果书又卖空了，可是冰激凌却不够了。好多小顾客买了书，却没有吃到冰激凌，嘟着嘴，垂着眉，怎么都不愿意走，这个热闹的摊位一下子陷入了"尴尬"局面。小林老师是一位新老师，看着自己被小顾客们团团围住，急得不知道怎么办才好。可是冰激凌的确是没有了，小顾客们望着空空的桶，一个个闷闷不乐地走了。

活动结束后我们知晓了这件事情,觉得应该和小林老师沟通一下,妥善地解决"冰激凌"事件。在和小林老师的沟通中,我们首先肯定了她尊重学生、放手让学生策划的做法。此次活动所有出售物品一扫而空,说明策划做得十分成功,这不仅可以大大激发学生的成就感,还能让学生在真实的参与中获得丰富的感悟。但是放手让学生策划,不是放手不管,而是应根据需要适时跟进,及时指导,发挥好教师的作用,处理好"放"与"引"之间的关系。小林老师是个极聪明的人,虽然才工作一年,一经点拨,她一下子就明白了。她说:"我本以为要充分尊重学生,一切按照学生自己的想法来,现在我知道了,原来教师的作用就是在学生可能出问题的地方要引一下,要管一下。嗯,我明白了!我马上行动!"

小林回到班级后,马上召开了班级讨论会。首先她引导学生们说说这次活动后的感受,让每一个学生大胆表达自己的想法,并且大大表扬了"购书送冰激凌"的创意。然后她抛出问题:"那些买了书没有吃到冰激凌的小顾客怎么办?这次卖书获得的一大笔钱怎么处理?"虽说是才一年级的小学生,可他们一个个都知道应该"言而有信",做生意应该"童叟无欺",做生意最重要的是"诚信"。于是全班同学都认为应该给那些没吃到冰激凌的同学补上冰激凌,并且要向他们道歉。至于这一大笔钱怎么用,大家都觉得要用到有意义的地方,要回家去听听爸爸妈妈的意见,看是否有更好的方案。

放学前,我听到广播里播送着一则通知:"请大家注意,今天在108班购买了书还没有吃到冰激凌的同学,明天中午到操场凭购买的书免费吃冰激凌。108班感谢大家对购书活动的支持,为我们的准备不充分向大家道歉。"第二天下午,小林老师来找我,告诉我所有购买了他们班图书的学生都吃到了冰激凌,并且班里的学生向每一个买书的学生都说了声"对不起"。今天上午她们班举行了微型班会,全班提议这次售书所赚的钱可以为学校图书角和班级图书角增添新书,让每一个人在校园的任何角落随手都可以取到书,随时随地可以读到书。

从"卖书"到"购书"再到"送书",108 班的"书"和"冰激凌"一起给学生上了生动的一课。学生们极具创意,颇有商业头脑;教师民主亲和,积极配合学生;面对问题,他们不是选择逃避,而是勇敢地去面对,并用充满诚意的行动化解了一次"顾客"对 108 班的信任危机,用"补吃冰激凌""向全校师生道歉"为全体学生上了生动的一课。我相信,108 班的学生一定会牢牢地记住他们班的"冰激凌",做一个言而有信之人。教育往往发生在真实的情境之中,但需要教师去引导、去发现。

智慧点睛:

人无信不立,基础教育阶段是学生价值观形成的关键时期,校园是学生最主要的生活场域之一,学校生活的每一件小事都有可能成为道德教育的契机,教师和校长对这些小事的处理有可能会潜移默化地影响学生的一生。

故事六　充满活力的大课间

2007年年初，北仑区全力推广大课间活动，要求每个学校每天保证学生40分钟的大课间活动。于是每天上午第二节课后，我们全校师生会到各自的场地上开展大课间活动。根据学生的兴趣爱好，我们把大课间的活动内容和社团课程结合起来，分为两个层面实施——以特长培训为内容的精品社团和以普及推广为目的的草根社团。

每天40分钟的大课间，安排在上午第二节课后，属于黄金时间段，而且是全员参与、一个不落，这让一些教师感到十分不理解。有一天李老师来找我，她说她上课时间都不够，如今还要拿出宝贵的40分钟给学生"玩"，怎么抓教学？怎么提高学科质量？其实她的观点代表了很多老师的想法。当时我跟李老师说："你看，你每天都给某某同学补课，补了5年，情况怎样？"她气呼呼地说："真是气死我了，越补越差。更可气的是我给他补课他还千方百计地逃走，这作业啊，能赖一天是一天，我真是前辈子欠他的，气死我了。"我跟她说："你看，你辛辛苦苦补了5年，可是功效甚微。听社团老师说这个学生打乒乓球很有天赋，我们要不尝试一下，让他做他喜欢的事情，说不定他可以成为一个乒乓球运动员，说不定他运动后语文可以学得更好了呢。"我的话点醒了李老师，是啊，越补越差，越学越糟，问题在哪里？既然已经补了5年也没有效果，那就先搁置一段时间，看看再说。

　　学校根据教师特长，利用周边资源，开设了20个精品社团，45个草根社团，参与学生达到100%。喜欢合唱的在合唱队，喜欢舞蹈的在舞蹈队，喜欢陶艺的在陶艺社团，喜欢越剧的在越剧社团，喜欢足球的在足球社团……每天40分钟的大课间活动，每个学生各取所需，在自己喜欢的社团做自己喜欢的事情，每一个学生都很快乐，都很满意。有一天，我看到一群学生双手合十，十分虔诚地对着天空念念有词，叽里咕噜地不知在说些啥。走近一瞧，原来是这一段时间天天下雨，有一些大课间的活动项目由于场地关系不得不取消，这群学生在祈求老天爷快快放晴，好让他们参加大课间。这群小家伙！虽说是迷信，但是看来这大课间真是深受学生喜欢。

　　实施了一段时间后，教师们的观念变了，开始积极动员学生参加社团活动，有的教师在网上发帖《我爱大课间，就像老鼠爱大米》《喜爱学校的大课间》等，获得了很多教师的点赞和跟帖。第二学期，原来在其他学校就读的教师子女纷纷转到我校就读。为什么？因为教师们喜欢社团，它为学生的个性发展提供了广阔的空间。即使没有参加精品社团，参加初级层面的草根社团，学生也可以在一个学期里学习2项体育技能和1项艺术技能，对学生来说，这是一笔宝贵的精神和技能财富。

　　让学生玩了宝贵的40分钟，教学质量下降了吗？学困生是不是更多了？答案是否定的。李老师的那个学生，由于乒乓球打得十分出色，参加区里比赛，获得了第三名，李老师看到他的优点后经常表扬他，说："一个乒乓球打得好的人一定是一个聪明的人，一个乒乓球技术能够继续进步的人一定是一个能吃苦能拼搏的人。"这个学生意识到自己并不是一个毫无长处的人，开始上课认真听讲，放学后认真做好作业，成绩上来了，最重要的是他整个精神面貌完全不一样了，变得自信、开朗、有担当。众多的案例中学生实实在在的变化使教师们意识到，学生只有喜欢学校才会喜欢学习，只有自信才能更好地学习。在大课间的40分钟里，大多数的同学找到了自己的优势，变得自信，从而促使他们以一种积极的心态投入学习中。在大课间蓬勃开展的过程中，我们也渐渐地意识到：学校的每一门课程是一个个音符，学校的每一项活动是一个个变奏，校园的生活应该是一首由各种音符和变奏组成的欢畅的乐曲。教师的任务是努力唱好每一个音符——向课堂教学要质量，寻找适合学生的教育，让每一个学生自信地成长，自信地生活。

智慧点睛：

　　教学理论中有一种观念叫作"少即多"（Less is more）。学生不是教出来的，而是学出来的，学的方式有很多，并不仅仅局限于课堂。总是强调课堂教学质量，"向40分钟要质量"不是一种高效教学。合理地利用大课间活动，培养学生的兴趣、爱好，发现学生特长，不失为一种有效的教学策略。

故事七　让每一个学生适性成长
——我的"特色"探索之路

这些年，在学校交流的时候，或者在对外展示的时候，我一直会遇到一个问题："你们学校的特色是什么？"而我对这个问题的思考的过程，体现了我对"学校特色"到"特色学校"理解的发展过程。

第一阶段：基于经验的特色

2007年年底，省市领导到蔚斗小学调研，他们问我："你们学校的特色是什么？"我不知道怎么回答，只好说："全面吧！"看着领导不满意的神情，我想了想说："大课间。""大课间算是什么特色？"我连忙纠正说："是社团！"但是领导似乎也不是很满意，在一旁的教育局领导马上打了圆场："这所学校十分全面，各个方面都比较好，比如他们的航模，连续多年在浙江省获得第一、第二名。"领导对这个特色才比较满意。

之后我一直思考一个问题：我们的特色是什么？如果说是全面，那是要有绝对的底气，我们在省市领导面前还不具备这样的底气。是社团吗？那我们的社团具备怎样的特色？我需要对社团的特色进行整理。

之后我们从操作层面对社团进行了规范的管理，学生精品社团从原来的13个扩展到21个，草根社团的活动内容进行了系列化，每一个精品社团的辅导老师需要备好简案。2008年9

月，浙江省"轻负担高质量"现场会在我区召开，我校是其中的一个会场，社团活动得到了与会代表的一致好评。因为学校有社团，所有的体育、艺术类的比赛准备时间得到充分保证，因此学校在几乎所有的比赛中均能取得较好的成绩。从2008年9月开始，在其他学校就读的教师子女开始陆续转到我校就读。

每天40分钟的社团活动，给学校注入了一股活力，学生们在社团活动中找到了属于自己的空间，在社团的活动中，大多数的同学找到了自己的优势，变得自信，从而促使他们以一种积极的心态投入学习中。学生实实在在的变化使教师们意识到：只有喜欢学校才会喜欢学习，只有自信才能更好地融入学习。

第二阶段：寻求理论的特色

2009年年初，几位来校参观的校长问我："你们的特色是什么？"我说："社团。"在参观社团的时候，不时有校长问我："你们的特色是合唱吧？""你们的特色是三模吧？""你们的特色是摄影吧？"校长们所说的特色是项目的特色，而非整体的特色。我认为，任何一个项目都仅仅适合于某一特定群体的学生，但并非适合所有的学生。例如，一所学校的特色是钢琴，那么所有的学生都适合弹钢琴吗？我觉得学校的特色应该适合所有的学生，而我们的社团活动能够为每个学生的个性发展提供广阔的空间。可是我始终没有找到社团的理论依据，或者说属于我们的社团理念。

不久后我参加了一次会议，在那次会议中，我了解到了关于适性教育的相关理论：教育要在适当时机，提供给孩子适合其发展的适量的教育。我如获至宝，为社团发展找到理论的支撑而欣喜！我们马上以此理念为支撑，申报了"基于儿童适性发展的学校社团课程建设的研究"课题，以此为引领，理性地开展社团建设的研究，并进行实践层面的操作。我们对社团的概念进行了界定，开展了基于儿童适性发展的社团课程组织与构建、社团课程运作与管理、社团活动模式与策略、社团评价和激励机制的研究。于是，我们对社团的理解渐渐深入，我们对特色的概念渐渐明晰。

2010年年底，教育部体育卫生与艺术教育司司长、共青团中央少年部部长来我校视察，对学校以"适性教育"为理念通过社团促进学生的多元发展给予高度肯定。在发展的过程中，我们也渐渐感受到，社团不仅给了学生一个适性发展空间，也为教师适性发展提供了一个广阔空间，一大批教师在社团中得到成长，甚至有教师这样说：在学校中有一块这样的自留田，我再苦再累都愿意！在社团活动中，我们的教师渐渐意识到：对每一个学生来说，每一门课程都是重要的，而教师的作用是弹好属于自己的音符，种好自己的自留田。

第三阶段：统筹全校的理念特色

2011年年初，我们在讨论"如何保证某些特殊社团的训练时间"问题的时候，有教师指出："我们每天已有40分钟的社团时间，不能再增加了，其他时间还有好多事呢。"这句话引起了我的思考。如果以社团作为学校的特色，那么仅仅是一天中40分钟的时间为学生提供适性教育的发展空间，难道其他的时间就不是适性教育吗？学校中，最宝贵的是课堂，只有进入课程，进入课堂教学的层面，才能保证"让每一位学生适性成长"。我们必须从适性教育的角度出发,坚持走课程特色之路,况且我们已经在国家课程校本化、地方课程主题化、校本课程多元化方面进行了很多有益的尝试和探索,为何不把这些都统一在"适性教育"的理念下,通过有效的课程建设,让所有的课程为学生的适性成长提供广阔的空间呢?于是我们在课程建设方面提出了"创设适合学生的课程"目标,从国家课程校本化、地方课程主题化、校本课程多元化入手实现教学载体的变革。

一段时间后,我们觉得要真正落实以上的理念,必须从教研方式和教学模式进行变革,从制度上进行落实,从文化打造上进行凸显,这样才能够真正较好地实现"让每一位学生适性成长"的目标。我们以"张扬个性,挖掘潜能,适性成长"作为实施策略,通过课程建设,从实施载体上实现教与学方式的变革;通过校本教研,从操作层面实现课堂教与学的变革;通过制度规约,从保障层面落实轻负高质的实施;通过校园文化建设,实现学校办学理念的凸显与提升。学生的立场、体验、收获是什么,应该成为学校工作的核心。

我对特色的理解过程,实际上是一个由特色项目、特色学校到学校特色的发展过程,其间我们不断地从学生的角度进行反思:怎样让每一位学生适性成长?怎样在成就学生的同时成就我们的教师?我相信,随着我们实践的深入,对这个命题的答案一定会不断地丰满,我们始终坚信,它一定会惠及每一位学生,一定会惠及每一位教师。在接下来的阶段,我们将会更多地倾听来自家长、教师、学生、社会的声音,寻找学校发展的真正脉搏,让每一位学生都有一个值得回味的幸福的童年!

智慧点睛：

从促进学生发展的目标和过程上看，理论与实践本就是不可分割的整体，实践是理论的肉体，理论是实践的灵魂，两者合二为一，才能有效实现学生发展目标。

第二章
点燃心灯，让教师快速发展

美国通用电气公司的前任 CEO 杰克·韦尔奇曾经说过，在你成为领导者之前，自己的成长是成功，而在你成为领导者之后，帮助他人成长，才是成功。这样的话语对于校长来说再适合不过了。学校的发展与教师素质密切相关，学校管理最终要落实到对人的管理。本章诠释的是我怎样根据教情，关注每个教师的特点"因材施教"的管理故事。

在本章中，《"佛系"青年觉醒记》记述的是一个"无欲无求、不思进取"的"90 后"青年教师在我的引导下，逐渐成为一个符合"好教师"标准的青年教师的案例。《总是爱迟到的音乐老师》讲述了一个"不遵守工作纪律，自由散漫、狂傲不羁"却又"痴迷合唱、业务出色、爱生如子"的音乐老师对学校管理的挑战，让校长第一次感受到"不能用一把尺子衡量所有教师"和"公正地评价教师"在现实的情境中是何其的困难。

《鹰山学社》《凤凰涅槃记》和《"三人行"》所讲述的都是教师专业发展的故事。其中《鹰山学社》记录了校长在教师管理中如何针对"90后"年轻教师的特点，开展适合他们的研学活动，调动这一代新教师专业成长的热情。《"三人行"》则是以"45岁教师"为例来探讨老教师的专业发展问题，展现的是校长如何根据老教师的特点和心理来调动他们成长的热情，使老教师在经验优势的基础上也能够紧跟时代潮流，更好地体现自己的价值。《凤凰涅槃记》是学校推出的一种极具挑战的教研活动模式，通过多人一组、滚动抽签、层层递进的方式推动整个教研团队快速提升。

美国教育家杜威说，人类本质里最深远的驱动力是希望具有重要性，渴望被人肯定。人的最高需求就是自我实现的需求，因此每一个教师都渴望得到学校对他的认可和尊重，都渴望能够实现自己的价值，获得属于自己的名誉。《带电声乐队的数学老师》讲述了一位有能力不卖力的数学教师，在学校满足他爱好的需求后发生转变的故事，这说明激发教师的自我成长需求，将"要我发展"变成"我要发展"，很重要的一点是尽可能创造条件满足教师的专业成长需求，点燃教师内心的成长的火花。尊重人性是管理的基础，《从"被"成长到"倍"成长》则从另外一个角度讲述了如果内心没有被真正点燃，再好的平台也毫无作用，一个人从"他燃"到"自燃"需要借助外力，更重要的是内心真正的渴望。

故事八　鹰山学社

最近几年，由于学校规模快速扩张，新分配年轻教师越来越多，近5年新分配年轻教师31人，占全体教师数的41.33%。这些"90后"教师们敢想敢做，多才多艺，课堂上富有奇思妙想。同时，他们充满个性，藐视权威，职业情怀不强。作为校长，如何根据"90后"的特点提供持续的、有针对性的研训服务，培育他们的职业情怀，提升他们的专业素养，这是我不断思考的命题。

经过讨论，我们决定把"90后"教师组织起来，成立一个相对轻松的学习型组织，利用每周四下午下班后时间，开展有主题的沙龙学习活动。学校地处美丽的鹰山脚下，那这个沙龙就叫"鹰山学社"吧！我们希望每一个"90后"教师如雄鹰一般搏击长空、自由翱翔。想法是美好的，可是要利用下班后的时间，这些"90后"教师会乐意吗？考虑到"90后"教师大多住在学校宿舍，到哪儿去吃晚餐是一个现实问题，于是我们决定首先要解决他们的"肚子"问题：周四晚上学校供应晚餐，四菜一汤加水果。活动结束刚好可以就餐，参加学习活动既收获了精神上的成长，又解决了物质上的问题。这个好，符合"90后"的心意。这群年轻教师觉得学校能为他们考虑，心里也就不怎么抵触了。可是学习的内容是什么？活动怎么开展？具体谁来组织？年轻人的事情该由年轻人来做主，学校只负责赞助活动经费，提供人力和场地支持。经过问题采集、交流讨论，最终确定每周按照"大咖有约""名师讲堂""读书沙龙""才艺提升"四大主题轮流推进，由"90后"教师们每周自主确定交流主题，自主确定专家名单，自己邀请专家开讲，自己组织活动开展，共同分享听后反思。由于培训的主题基于教师，培训的方式强调自发，培训的特点重在分享，所以深受"90后"教师的喜欢。

"大咖有约"的第一期嘉宾，是宁波某文化传媒公司的俞总，他1982年出生，儒雅谦逊，曾是一位高中的美术教师，后辞职下海经商，如今身家上亿。年轻人中不乏对教师这个行业不坚定者，想走出教育的围城看看外面世界，如今看到这样一位商业成功人士，那真是视为人生偶像。没想到俞总却如此说："如果人生能重新给我一次选择，我一定会选择当老师。"此话一出，"90后"教师们都睁大了眼睛诧异地望着他。"你们真的不知道，做老师太幸福了！我每一天都在担心是否能发出工资，最优秀的设计师明天是否会跳槽。不善言谈的我必须不断地跟人交流。如果我还是一位美术老师，我可以尽情地在画室里作画，压根儿不用担心工资问题。如今，这一切都不太可能！如果你真的要跳槽，那就请你足够优秀的时候再考虑吧！"第一期"大咖有约"，让"90后"教师们一下子意识到所有职业的艰辛和不易，每个人风光背后的辛酸和付出。和俞总面对面地交流，畅所欲言地沟通，让他们不再迷茫，坚定了做好一名教师的职业理想。

"大咖有约"第二期的嘉宾是国家级普通话测试员刘老师。她以知天命的年纪，用她的魅力语言打动了每一个人，无论是趣味童话的绘声演绎，还是对发音技巧的精准讲授，抑或是话剧《雷雨》的即兴表演，都让"90后"教师们真切感受到语言的艺术魅力，感悟到做人做事需一丝不苟、持之以恒方能有所成就。

"名师讲堂"的嘉宾是本校资深的老师。至于邀请谁，由"90后"教师们自己决定，自己去邀请，并且自己设计奖状。这些本校专家的讲座皆围绕青年教师的教育教学困惑展开，赵老师"真心实意为孩子"，邬老师"私心开个小后门"，夏老师"想方设法走近你"，叶老师"用心做好每件事"……由于讲述的都是真实的案例，面对的都是类似的学生群体，所以这些本校专家的讲座更接地气。面对"90后"教师们，他们毫无保留地拿出自己压箱底的"私货"，手把手地教青年教师怎样站稳讲台，怎样解读文本，怎样面对家长……这些本校专家，在传经送宝的同时收获了众多年轻粉丝，激发了他们的荣誉感，营造了良好的学校氛围。

一学年里，每一位"90后"教师都会有一次读书分享，撰写读后感、制作分享课件，书目涵盖诸多方面：《解忧杂货店》《追风筝的人》《远山淡影》《一个人的村庄》《穆斯林的葬礼》……在相互对话中，思想得以碰撞，爱好得以分享，书香得以传递。偶尔参加活动的我，发现社员们已经形成了独特的话语系统和氛围，某人一上台，下面就掌声一片；某人开口说某一句话，下面自动会接话。笑声、掌声伴随着思考，凝视、摘录伴随着成长，读书分享充满了书香和"90后"教师们的欢声笑语。而每月一次的"才艺提升"为他们个性发展提供了平台。学校有陶艺教室和优秀的指导教师，有专业的羽毛球馆和羽毛球教练，有专业的合唱教室和指导教师，有雅致的茶艺教室和专业的教师，"90后"教师们可以根据自己的爱好选择相应的才艺提升项目，一个学年后参加相应的考核展示，获得相应的积分。

"鹰山学社"有专家引领的"高空喷洒",更多是实实在在的"根部滴灌",在面对面的全程对话中,"90后"教师共同参与项目的设计实施,相互切磋、相互提升,自行采集问题,自主物色点单,自由申报主持,自己反思总结……这些从多维度满足了"90后"教师们专业成长的发展需求,满足了年轻人渴望同伴、渴望团队的情感支持的需要。"鹰山学社"的成长撬动了学校管理中的杠杆,老教师们慢慢意识到,被青年教师认可是一件非常有面子的事情,能被邀请做讲座是自我价值实现的极好平台。渐渐地,越来越多的教师主动提出:"校长,我想给'90后'做一个这样的分享,你觉得如何?"

李政涛教授说过:"教育改革最终改的不是课程,不是教材,甚至也不是体制、机制和制度,而是人,是对人在教育生活中固有的生活方式,包括价值观、思维方式和行为方式等的改变和转型。"管理一所学校,就是管理人心,经营一所学校,就是经营氛围。

智慧点睛:

青年教师是未来的教学业务骨干,青年教师的管理重在从"服务"的角度出发,发现新一代教师的内在需要和追求,并以此为基点探索适合这个年龄段教师特点的专业发展方式。

故事九　凤凰涅槃记

为了助推语文教师的专业成长，泰河学校语文组推出了新的教研方式，青年教师们戏称其为"凤凰涅槃"。

青年教师们把自己戏称为"凤凰"，把每一次抽签上课展示课例戏称为"涅槃"。"凤凰涅槃"的一个周期一般为4周，每一个周期参与的成员为8人左右。首先是教研组长确定教研主题和本次研究课例，明确本次活动参与成员、指导教师、活动主策划人，然后宣布活动开始。第一轮开始后，所有团队成员各自研究课例、查找资料、确定上课方案，在上课前一天晚上抽签确定展示教师，团队成员共同商讨确定最佳方案，然后上课教师在组内上课，大家共同研讨，指出问题，修改教案，确定文本。第一轮"涅槃"是校内教研组共同的智慧，是团队成员和各自师父指导后智慧的结晶。第二轮"涅槃"与第一轮形式基本相同，整个过程是抽签展示—专家指导—修改调整—再次展示—研讨改进—确定文本。与第一轮相比，第二轮更具挑战性。教师要在一天里完成两次展示，而且要清晰地呈现出改进后的成长和进步，时间紧、压力大，极度"折磨"伴随着加倍成长。在这一天，学校会邀请专家在校蹲点一天，参与指导整个过程，为教师成长提供引领。所以我们的青年教师特别喜欢这"折磨"的一天，他们说："这一天里我忽然间长大了！""这真是被'折磨'却无比幸福的一天！""这一天我恨不得把每一分钟都用来思考。""这一天，被折磨得太爽，被成长太快。""这一天我希望世界关上所有的窗，让一切来助我成长。"而专家们也特别喜欢这样的教研方式，他们可以迅速地检测出自己的指导是否有效，设计思路是否可行。进行第二轮"涅槃"形成了相对稳定的课堂教学设计，形成了相对集中的对主题的课例解剖。第三轮我们一般会邀请名师工作室成员共同参与，进行新一轮抽签展示—研讨交流—典型课例。这一轮"涅槃"主要目的是形成相对稳定的教学思路，形成属于泰河学校特色的成熟课例。如果展示交流十分精彩，往往会抽签产生一位成员外出送教或参加区里的公开展示活动，这既是对本次"凤凰"们"涅槃"成果的极大肯定，也给了成员们一个极好的展示平台。

"凤凰涅槃"是一个被"折磨"的过程，但同时又是一个团队共同快速成长的通道。由于游戏规则设计为每一轮都是新的开始，所以每一轮的抽签都让参与者面临挑战。所有成员在整个过程中共同备课、共同探课、共同磨课，所有成员积极参与上课、评课、研讨，所有成员对研讨后的建议都会做好整理反思。因此，这样的一种教研活动使得人人不再只是看客，而是真实的参与者，每一位年轻教师的幕后都有一位师父，每一个人都带有极强的参与感。由于整个活动呈现出逐步推进的特点，而抽签上课往往给展示者的时间很短，这就要求所有的人都以团队的形式共同参与，共同确定上课思路，分工制作教具学具，青年教师们在"折磨"的过程中自发地形成一个团队，资源共享，相互鼓励，共同成长。"凤凰"在"涅槃"中互相凝聚，学校在"凤凰涅槃"中快速成长。

小徐是一个刚刚工作两年的女孩，她参与了"蜘蛛开店"这节课例的研究，在第三轮抽签后号啕大哭。本以为她是抽中签压力巨大，事后才知，她是因为没有抽中签内心无限委屈。这节课，她已经整整参与了一个月；这节课，她已经在心里上了无数遍；这节课，她已经准备好了所有的教具学具……可是，为什么，每一轮抽到的都不是她！她多么想展示，看看自己是否达成了理想与行动的一致；她多么想展示，让大家夸夸自己。可是，却没有机会。小徐越想越委屈，越想越伤心……我们本以为，没有抽中签是很开心的，没想到，却是伤心的。不仅仅是小徐，每一次抽签后，抽中的往往欢呼雀跃，大声说："哈，运气太好了！"飞奔着去准备上课展示了。没有抽中的呢，总有些失落，甚至掉泪，谁不想将全心投入的事情展示一下呢？新一轮是不是会抽中自己，开课展示的机会能不能轮到自己？每一个参与者都充满了期待。于是，每一个抽中的或者没有抽中的，都会积极投入这个团队中，因为，越到后面越精彩，每一次的成功往往建立在对前一次不断完善的基础之上，一个人的精彩是基于众人的舞台。"凤凰涅槃"，不仅仅是一个人的舞台，更是众人心中的展台，一个学校成长的平台。

智慧点睛：

这个故事中的"凤凰涅槃"是一种很好的促进教师专业成长的方式。新教师通过上课、听课、研讨的方式对同一课例进行深入探讨，能快速地提升教学能力。"凤凰涅槃"是一个"磨"的过程，也是一个"炼"的过程。

故事十　带电声乐队的数学老师

青年教师小陈，是一位数学教师，每天一有时间就弹吉他，对教学没有太大兴趣。用他的话来说："我人生的最大梦想，就是抱着一把吉他浪迹天涯。"有一天，他毛遂自荐，要成立一个电声乐队，由他来担任这个乐队的指挥。当时小陈老师正好负责六年级两个班级的数学教学，担任一个社团的指导教师，会不会对教学有影响？可小陈老师要求强烈，并表态绝对不会影响数学教学，带社团纯粹是出于自己的兴趣。我觉得，既然小陈老师热情这么高涨，那我就成人之美吧！

小陈老师开始筹备购买设备，他每天晚上查阅资料，四处请教老师，多方联系朋友，不辞辛苦一次次开车到余姚、杭州，就是为了购买到最实惠的乐器。两个月后，小陈老师的电声乐队组织起来了，有贝斯手、键盘手、萨克斯手、架子鼓手、电吉他手等，还有主唱、和声。小陈老师既教吉他又教贝斯，还专门邀请学校里有这些特长的老师担任电声乐队的指导老师。4个月后，电声乐队首场演出，演唱了《童年》《青花瓷》，迷倒了无数师生，电声乐队成为学校最受欢迎、最酷的一个社团。

电声乐队成名了，小陈老师不仅教学工作没有受到影响，反而像换了一个人，他开始研究教学了。他不断琢磨数学教学，积极参加课堂教学大赛，获得市"教改之星"一等奖，他的课例——"三角形认识""圆的认识"获得了市教研员的高度评价。

他潜下心来研究概念课的教学，积极撰写文章，获得市一等奖，多篇文章在报纸杂志上发表。对教学不上心的小陈老师像变了一个人，变得积极、阳光、上进，成为学校最有培养前途的青年教师。如今的小陈老师，已经成为数学教研大组长，学校的教导主任。他说，是电声乐队激发了他的热情，是电声乐队让他看到了自己的价值。

在蔚斗小学，像这样一专多能的年轻教师还有很多。语文教师小乐，是学校戏剧社团的指导教师；语文教师小邵，是学校篆刻社团的指导教师；数学教师小王，是学校航空社团的指导教师。他们担任了社团指导教师后，不仅在社团指导中出成绩，而且在自己的本专业学科上也齐头并进。用他们的话说："带社团发挥了我的特长，在社团中我找到自信，我感到学校的生活很快乐！"

桃花优于色，梅花优于香。每位教师有所长，也有不足。我们很多教师清楚地知道自己不足，却不清楚自己的潜能。学校可以通过各种措施，帮助教师找到自己的优势发展项目，找到适合自己的发展之路，找到自信、树立信心，这样才会呈现出一个丰富多彩的教师群体。让教师在学校的发展中成就灿烂人生，让教师在学校的发展中铸就辉煌业绩！

智慧点睛：

我们常常说"术业有专攻"，这往往给人一种误会，似乎教师就应该只专注于自己的专业教学。其实除了学科教学之外，每个教师都有自己的兴趣、爱好、特长，这些也是教师专业成长待开拓的空间。好好利用教师的爱好，能取得意想不到的效果。

故事十一 "佛系"青年觉醒记

小龙是我的徒弟，瘦高个，白皙，很聪明。但是这个小伙子有点懒，想得"太明白"，做一天和尚撞一天钟，是个"佛系"青年。虽说是六年级班主任，但就是本着不出事的想法，竞赛、班级美化等活动都是极其不积极，小龙的说法是："这些活动跟成绩无关，我搞好成绩就可以了。"为此，德育处对他不甚满意。

民办初中升学考试结束了，604班是最大的赢家，占去了10个名额，而小龙所带的班级却一个也没有。也就是说，小龙带的班没有一个学生进入年级段前33名。我忧心忡忡，担心家长会来讨说法。

说起来也是运气好，前33名中有一个学生放弃，第34名刚好是小龙班级的。我内心一阵狂喜：太好了！这下不用"剃光头"了。哪知仅仅过了10分钟，传过来的消息居然是小龙班级的学生也放弃了。我硬着头皮来到六年级办公室，看到德高望重的李老师也在，心里有了底气。我对小龙说："你要做工作让这个学生不放弃，不然你们班就是'剃光头'，你带的第一届学生没有一个考进民办初中，你怎样向家长交代？你又怎样给自己一个交代呢？这个名额很重要。学生放弃，不是因为不想去，而是因为这个名额是前面的学生放弃了的，他不想捡别人不要的，也放弃了。"小龙无奈又故作轻松地说："我也没有办法啊，他自己不要去的。"我告诉他："你可以和数学老师一起做工作，也可以请老班主任出马一起做工作，因为学生内心是想去的。"说完我就离开了办公室。我相信德高望重的李老师一定会帮助小龙做好思想工作。随后我跟数学老师打了个电话，请他一起协助小龙。10分钟后，传来信息，小龙班级的那个学生同意去了。

其实民办初中分数揭晓后，小龙一直情绪低沉，唉声叹气，一言不发。这次事情对他打击还是很大的，他虽然懒散，但也是极要面子的人，一个上榜学生都没有，太丢人了。六年级有一个和他一样教龄的年轻教师，可是他班级入围4个人。一个和他一样教龄的，一个他认为教学能力不是很出色的，一个他认为不如他的同龄人，居然比他所带的班级考得好得多，这真的是太丢脸了。他本以为我这个师父、校长会去找他，但我没有。听说他每天在办公室如坐针毡，总以为校长会找他谈话，可是却迟迟没有等来师父的召唤。

一个星期后，我找他谈话，小龙如释重负，打开话匣子，一股脑把自己所有的想法说了出来。

我跟他谈话的重点是：一个班主任如果只抓学习，对任何的班级活动、班级竞赛都不重视，这个班级学科成绩是不可能好的。因为学生没有精气神，遇事不愿意拼搏，不愿意主动争取，班级没有凝聚力，没有向上的力量，这个班级的神是散的，学科成绩怎么会好呢？任何一个学科成绩好的班级，一定是班主任带领着在各个方面积极进取的班级，这样的班级，成绩一定不会差，因为他们的班风，家长的配合度、支持度，一定是非常好的。最后，我跟他说，好多的事情是顺势而为的，周边的事情做好了，其余的事情自然也就做成了。我在学校管理的过程中从来不谈学科成绩，只是管理学校整洁雅致、管理学生的精气神韵、管理早自修和大课间，可是这些事情做好了，学科成绩自然也就好了。因为人的精气神不一样了。

小龙拼命地点头，我知道，这一次，他是真的想改变了。

广播操要比赛了，小龙从来没有那么认真过。体育课的时候自己去监督学生做广播操，甚至把自己的数学课改成体育课去做广播操，凡是可以利用的时间都让学生练习广播操了。看他如此用心，我真的很希望有一个好的结果，让他相信，付出就会有回报。对他而言，这样的一种信念太重要了。广播操比赛时，小龙的班级精神抖擞，动作舒展整齐，服装大方亮丽，最后他们班拿了第二名。我如释重负，因为我知道，他第一次尝到了付出的味道，尝到了参与的味道，尝到了收获的味道。只有在全身心的参与中，他才会喜欢当班主任、当老师。那是一种情怀，一种只有投入过才可能有的感觉。运动会上，小龙奔跑、呐喊、加油助威，他的班级终于甩掉了千年垫底的名号。毕业典礼，他的班级用心地排练，一次次彩排，虽然并不是最精彩，但是当我看到所有学生围着他，泪流满面、哭成一团的时候，我知道，他已经喜欢上了当老师，喜欢上了当班主任。那种情怀在他身上，已经生长。

小龙是个出生于90年代的独生子，他们这一代人生长于中国经济快速发展的时代，家境宽裕，父母宠爱。他们聪明敏感，要强独立，可是意志力、抗挫折能力较差。成为教师，往往是父母之命，而非他们本人所愿，因此他们对教师职业的目标不明确。怎样让这样的年轻人喜欢教师这个职业，培育他们的职业情怀，我觉得参与是最好的方式：付出有多少，爱就有多深。

一个人在成长的路上有挫折不见得是坏事，适度的挫折，必要的打击，往往可以使年轻人重新认识自己，认识自己的职业，从而更有目标地生活和工作。

智慧点睛：

随着越来越多的"90后"进入教师工作，"90后"教师的管理问题也就出现了，他们与以往的教师有着很大的不同，需要有人耐心地引导、点拨。在这个故事中，校长通过对徒弟性格、出生背景的分析，把握其心理特征，因势利导，循循善诱，达到了较好的效果。

故事十二 "三人行"

孟老师是一名有着 23 年教龄的数学老师，也是学校的行政领导，由于毕业时分配在山村学校工作，所以在教学业务上受打磨成长的机会不多，造成了教学业务上不自信。有一次，孟老师在学校推行"三人行"教研时上了一堂展示课，在这节课上得到的鼓励和肯定给了她信心，让她收获了满满的"再成长"成果。

"三人行"教研灵感来自"三人行，必有我师"，面向的是教龄在 20 年以上的教师，这些资深教师自主选择组建三人研学团，共同研课、上课、评课、反思，走出舒适区，抱团成长。每一次"三人行"教研必须做到校内有公示，听课有照片，评议有记录，活动有反思，资料须上传。因为开课有公示，所以其他教师也可共同参与听课评课研讨，"三人行"实质上是"众人相携，必有我师，共有所得"。和"凤凰涅槃"等其他教研模式相比，"三人行"更加自由灵活，它不需要教研组长组织，不需要学校特意安排，但是呈现的往往是最鲜活的本土经验，带来的是资深教师面临职业瓶颈后的不断超越更新。

作为校长，新到一个学校总要对全校教师有个全面的了解。"听课"就是了解教师教学能力的一种基本方式，于是在孟老师"三人行"教研时，我走进了她的课堂。课后，基于她的课堂教学我提出了建设性的意见，并鼓励她可以继续钻研，为青年教师做榜样。没想到"一语激起鸿鹄志",孟老师申报了"区数学优质课"比赛。对于一位已经45岁的中年女教师,对于一位缺乏公开课历练的行政人员来说,这次参赛可真是人生一项挑战!

面对挑战,孟老师翻阅了大量的资料,精心备课,选择了"长方体和正方体的认识",准备深入研读这一课作为参赛课例。但是课一上完,就被我一票否决。"长方体和正方体的认识"这一课,内容虽然不难,如果按照常规流程执教,没有任何新意,如果另辟蹊径,用大框架结构教学,孟老师现有的教学风格难以驾驭。被否决后,孟老师难过了好几天,我暗暗担心。第四天,孟老师拿着教材和教研组的骨干们进行了新一轮选课——"分数的意义"。确定内容后,孟老师一次次研读教材,一遍遍修改教学设计,在教研团队的共同策划下初稿成型。孟老师一边请青年教师帮忙制作课件,一边根据教学预设独自反复试讲。第一次试教,纠正了她的教学语言;第二次试教,指导她课堂教学的有效处理;第三次试教,市专家为其悉心指导,推翻了部分教学设计,重起炉灶;就这样第四次、第五次……每一次修改后,孟老师总会拉上我和其他数学骨干教师在课余为她一起改课,在晚上听她试讲,细致到每一个问题、每一句评价、每一个肢体语言的不足。一名45岁的老教师,凭着一股子冲劲,以精益求精的精神,连续一个月每天研课到深夜,前前后后磨课达18节,终于在区优质课比赛中,获得了一等奖的好成绩。孟老师获奖后,把自己的所思所悟写成了一篇论文,没想到很快在公开刊物发表。一等奖、文章发表激励着她不断超越自我,不断寻求自己的职业成就。她说:"我要继续写,把年轻时候没有写的文章写出来;我要不断参赛,把年轻时候没有参加的机会补回来。"

"三人行"作为一种教研模式，它以自主选择为亮点，减少中年教师内心的抵触；它以团队互助为特色，实现众人相携、共同成长；它灵活自由，纯属成员自发自理；它及时反馈，听课教师的数量即无声的评价。不同的人群选择不同的教研方式，分层管理和真诚助力可以让不同年龄的教师找到自身价值，焕发活力。孟老师的故事告诉我们，只要找准支点，一样能让"老树开花"。

智慧点睛：

　　老教师的专业成长也是教师管理不可忽视的内容，老教师的专业成长需要督促和激励并举，既要有管理形式上的压力，也要因人而异地激发老教师学习和进步的动力。

故事十三　总是爱迟到的音乐老师

　　小丽个子娇小，容颜秀丽，长发飘飘，酷似女明星。她到蔚斗小学实习两个月之后，强烈要求能够分配到蔚斗小学，于是小丽成了我们学校的音乐老师。那年学校合唱指导老师小滕刚好调走，小丽主动请缨，上音乐课，带合唱队。

　　每年5月是区里的合唱比赛季，再过半个月就要比赛了，可是小丽的合唱队还没有拿出作品来。分管领导着急，又不好催促，只好偷偷地在室外听，越听越摇头。敲门，小丽却不让进；提意见，小丽说还没排好。分管领导气不打一处来，火急火燎地跑到我这儿告了一状。对于这样的年轻人，我也头疼，但也想不出什么办法。马上就要比赛了，学校里其他人都各有任务，再说也不至于在赛前半个月把人替换下来，是骡子是马到赛点了总会见分晓，她总不能让学生站到台上什么都不会吧。我一边这样想着，一边来到了合唱教室门口。刚好训练结束，小丽带着学生出来，看到我在门口，愣了一下说："校长，您放心，作品还没排好，但是我一定会努力的。"望着她满脸疲惫、日渐消瘦的脸庞，我不忍心再催促和责备，只是说："有什么需要学校帮助的尽管说，平时要多喝水，不然等比赛了要顶不住的。"小丽的眼圈微微泛红，甜甜一笑。

　　我们学校的合唱小有名气，曾经获得过全国赛的金奖，在区里每年都是稳居前三（我区的合唱水平很高）。小丽名不见经传，比赛前也没见拿出什么作品来，所以临到比赛那天，谁都不抱什么希望，只祈求不要太差劲、太丢脸。比赛开始了，从前线传来消息，我们学校的声音震惊了评委，分数稳居第一，迟迟未有队伍超越……这，这，这是什么情况？我们一脸茫然。比赛结束，我们学校遥遥领先，创历年最好成绩。听到这个好消息，我们十分疑惑，什么情况？一打听，原来小丽的训练方法不同于原来的小滕，小丽十分强调音准，在无伴奏的状态下都不会走音，而且小丽除了每天大课间常规训练外，每天下班后还会再训练一个半小时，大课间是她揪音准的时间，下班后才是她排练整部作品的时间。原来如此，我们恍然大悟，怪不得大课间时听来听去都不见动静呢。得了区里第一名，还要参加市里比赛。小丽继续原来的排练方式，加班加点训练，娇小的身躯更加消瘦，白皙的脸庞有点泛黄。6月，市里比赛，我校合唱队又拿了第一，创历年市里比赛最好成绩。这下子，小丽站稳脚跟了，她成了学校的名人，第一年就拿到了如此的奖项，当年的考核，小丽拿了个"优"。

新一学年开始了，小丽继续她的合唱队训练。过了几个月，教导处告诉我，小丽每天都迟到，老师们都有意见了。有这种事情？我让主管教学的副校长注意一下，找个适当的机会谈一谈。副校长听了却直摇头，原来，他已经和小丽谈过很多次了。小丽是一百个理由，每一个理由都匪夷所思，根本无法让人接受。最后副校长生气地说："我也是做过很多教师思想工作的人，第一次觉得这些受挫，我和她好像根本不在一条线上，校长，你水平高，你来试试吧。"我们的副校长在教师中有着很高的威望，有着极其丰富的管理经验，他今天推手了，看来小丽的确很难管。

　　我寻找着和小丽谈话的时机,有一天,她刚好找我来签字,我趁机说起她天天迟到的事情。哪知道小丽一脸委屈,说自己有多少困难,早上根本没有办法准时到校,家里有多少事情,身体有多么差劲,如果要准时到校,那只能辞职了。这样的老师,这样的决绝表态,我倒是第一次碰到。我差点冲口而出"那你辞职好了",但还是硬生生地咽了下去。小丽见我不说话,吐了下舌头,偷偷地瞄了我一眼,轻手轻脚地走了。

　　小丽继续迟到,大有愈演愈烈之势,不过她一定在大课间合唱排练之前到,一定在她要上的课之前到。有几次,需要早上排练,她居然整整提早了一个小时。我奇怪了,早上不是起不来吗?不是有千般困难万般理由吗?今天怎么起来了?看来这起不来起得来纯属个人兴趣。我不打算毫无策略地跟她谈话,因为这样不会有丝毫效果,只会让自己生气。"90后"的小丽,要么只做自己喜欢的事,要么就辞职,这就是极有个性极具才华的小丽的风格。

　　在一次班主任工作经验分享会上,四年级的班主任王老师讲述了小丽如何帮助一个女孩实现合唱梦想的故事。为了让这个女孩参加合唱队,她每天下班后把她带回家,义务辅导做作业,买教学参考书,不断给女孩加油鼓劲,为的是让家长相信参加合唱队是不会影响成绩的,为的是让一个酷爱合唱的学生能够实现梦想。王老师说,小丽非常关注合唱队员的学科成绩,如果谁成绩下降了,她会第一时间做学生的思想工作,提醒他们参加合唱队就一定要处理好合唱与学习的关系。小丽也非常关注学生的思想动态,合唱队的哪个学生犯了错,她总会和他聊天沟通，告诉他们"合唱是传递美的声音，合唱队员应该是美的使者"。听了王老师的话，我才知道小丽是一个如此痴迷合唱的人，一个有着如此美好品性的人。她的身上，矛盾交织。她每天迟到半小时，可是天天加班一个半小时；她不近人情不听校长劝说，可是她却又对学生自掏腰包、包吃包住、包义务辅导；她上课自立一派甚至有点散漫，可是对合唱她却痴迷全身心投入。小丽为什么迟到？我估计她觉得迟到不影响教学，不影响排练，一个人只要能够做好事情就可以了，何必要遵守那么多条条框框。这样的教师，我们怎样评价？我们怎样管理？我漫无头绪，表扬吗？不太合适；批评吗？不近人情。我百般纠结，不知如何是好。

有一天，一位行政领导来找我，说再不管小丽，大家都有意见了。我知道我暂时没有办法让小丽不迟到，怎么办？我只能让大家不学小丽，把影响控制在最小范围。我跟他说："是啊，小丽天天迟到半小时，可是你知道吗？她天天加班一个半小时。为了合唱队，她几乎把睡觉以外的时间都给了合唱队，上班的时候不是在上课就是在排练，下班后不是在辅导合唱队员学习就是在和合唱队家长交流，节假日不是在加班就是在参加合唱培训班。她自掏腰包去北京培训，自掏腰包请专家来给合唱队指导，自掏腰包给每一个合唱队员买生日礼物。的确，她是每天迟到，可是如果谁因为小丽天天迟到而要学样的话，那请他索性学到底吧，学学像她一样的投入和痴迷，像她一样的成绩和家长的认可。"我相信没有一个教师会这样做，因为小丽太难学了。其实老师们都知道她的累、她的拼、她的成绩、她的不易。问题是，小丽的确给管理者出了一个难题，这样的教师怎样管理？我第一次感到"不能用一把尺子去衡量所有的人"是多么的不容易，第一次感到管理在规范和情理之间的博弈需要多么高的艺术，而我现在还难以驾驭。

可是小丽迟到的事情总是要解决，至少我应该跟她好好地谈一谈。可能是因为我和行政领导的对话传到了小丽的耳朵里，小丽主动来找我。我跟她做了一次深入的交流。我们一起交流了合唱队的规划，家庭中遇到的困难，身体上的不适，特别是她自己的人生规划等。如我所料，小丽觉得自己的迟到不影响工作，也不影响他人，为什么一定要规定所有的人在同一个时间段必须到达单位，为什么不能够根据自己的工作妥善地安排，为什么要把人管得那么死。"如果我是班主任或者我是语文数学老师，我一定会在7∶40前到校。"我暗暗佩服这个有勇气、说真话的女孩，佩服这个有个性、有想法的女孩。是我们的制度规定得太死了，还是我们的管理太死了？如果我认可小丽的劳动纪律观，其他教师会怎么想？我只能无奈地跟她说："你每天都迟到半小时，可是严老师却知道你每天都加班一个半小时。我做校长，却没有能力因为你的一个半小时去抵消你的半小时，我也很纠结，也很无奈。因为，我们都生活在一个有秩序的团队中，我所能做的，就是我们每一个人都首先要维持这种秩序和平衡，因为大多数人都是普通人。你是一个很有想法的人，希望你继续保持你的想法，你的纯真，你的痴迷，因为只有这样，才有现在如此出色的你和你的团队。但是，也请你给学生树立一个榜样，遵守基本的劳动纪律，早上能尽量提早一些，好吗？"小丽非常爽快地答应了。接下来的日子，小丽还是迟到，不过，明显地，她不再迟到半小时，而是十分钟、五分钟了，有时候不迟到了。晚上，依然是每天加班一个半小时，有的时候，甚至还要带成人合唱队，加班往往三小时了。

  评价一个好教师的标准是什么？怎样才是公平的评价？怎样让评价真正促进教师的发展，使每一位教师都能发挥所长？小丽老师给我上了生动的一课，我相信，这个问题以后一定能慢慢解决。

智慧点睛：

  评价是促进教师专业发展的有效手段，但是不合理的评价却是伤人的利器。按照美国教育评鉴标准联合委员会（JCSEE）的观点，好的评价应该是适当的、实用的、可行的和准确的，校长要不断地研发这样的评价方案，才能使评价更好地发挥识别、诊断、激励、导向和支持的功能。

故事十四　从"被"成长到"倍"成长

周五上午，学校特地请来了宁波市最有名的体育教学专家，为体育组的两位年轻教师听课"把脉"。两节课下来，专家更多的不是表扬，而是批评年轻人不够用心，备课不认真、不细致，上课准备不充分、不专业，归根到底，是年轻人不够重视。同一天下午，专家去了另一所学校进行指导，上课的教师给专家留下了深刻的印象，专家直呼"后生可用也"，当场收为徒弟。因为不同的表现，评价天壤之别，收获差异明显。

作为校长，我总是满心欢喜、充满热情地为教师牵线搭桥，希望教师快快成长。对于自己不熟悉的学科，我们总会邀请懂行的专家为教师们"把脉"指导，期待云淡花开，他日花好月圆。但是这仅仅是校长的一厢情愿，我们的教师是否真的打开了心门，是否真的在乎这样来之不易的机会呢？从我多年的校长经历来看，大多数的教师从内心上是重视的，但是他不一定珍惜，不一定为此付出努力。更准确地说在心态上是重视的，可是在行动上是不够努力的。专家来之前，不认真准备，专家来时不认真听取建议，专家走后，更是没有及时改进存在的问题。那么，一次专家的邀请又能真正发挥多少作用呢？难道邀请专家的作用就是在现场的几个小时吗？不是的，更多的是在专家来之前的用心准备，来之时的真实展示，走之后的及时改进和用心跟进，这才真正体现专家指导的作用。专家的指导在于让你跳一跳摘到果子，可是你都没有跳起来，展现自己真实的水平，又怎能期待在短短的一节课中得到专家的准确"把脉诊断"呢？

彼得·圣吉认为，我们的心智模式不仅影响我们如何认识周围的世界，还决定我们采取何种行动。第斯多惠说过，教学艺术的本质不在于传授本领，而在于激励、唤醒、鼓舞。同样道理，教师的快速成长源自觉醒，源自向上生长的内驱力。为什么有这样一个可以让年轻人实现自我价值的机会摆在眼前，可是他却不珍惜？一般来说，一个团队中往往有三种类型的教师，第一种是自燃型教师，自己很有动力想把事情做好，对这样的教师往往是给予他们机会就可以了。第二种是可燃型教师，他不像自燃型教师一样自己会发光发热，他并没有这样强的进取心，所以这种教师需要一些管理的艺术去点亮他。第三种是不可燃型教师，你想了很多办法，就是没有办法让他发光发热。这样的教师在年轻教师群体中是很少的。从现实情况来看，占大多数的是第二种——可燃型教师，他们需要学校管理者提供各种资源和机会，采取各种方法和艺术，张弛有度、"胡萝卜加大棒"式地进行管理，让他们从被逼到主动，从"被"成长到"倍"成长。

首先，要让每一个人都真正参与。针对常规的教研活动"一人上课、大家评课"的现状，我们提出"共同备课、抽签上课、多轮磨课"的方式。几个人组成一个团队共同备课，在上课之前的两个小时抽签决定谁来上课，上课之后共同参与研课，研课之后进入第二轮备课、抽签上课、再次研课环节，在上课环节有专家的点评和指点。在集体被"折磨"的过程中，在团队磨课的过程中，教师整体浸润式参与教研。由于每一个参与者对教材都深入了解，每一个参与者都想了解自己设计的优劣所在，所以对专家点评有着极强的内心需求和深刻感悟，这样的邀请专家的教研活动效果就很好。

其次，对积极主动的教师适当倾斜。学校适当地把力量用在最努力的教师身上，会让群体明白学校的导向。积极主动的教师，往往能够较快理解专家的意图，较快实现学校的期望。可以说，这样的教师，是学校与专家指导之间的一种完美媒介，他们能够开出美好的花儿，结出累累的硕果。在致富路上，我们允许一部分人先富起来，在教师专业成长路上，我们期望一部分人先"壮"起来，带动另一部分人"长"起来。对于不积极主动参与的青年教师要有提醒机制，比如，对于多次不参加活动的成员给予劝退，在外出培训中有所限制。外出教研活动采取自愿报名的方式，教师根据专业成长的积分申请参与不同级别的教研外出培训，这既是一种极好的自发驱动模式，也是一种极好的成长自我评价方式。

再次，要有成果的呈现和分享。在专家的指导下，形成了相对成熟的案例，并在组内分享交流过关，这样专家的一轮引领才算达成。比如，数学组打造了两堂典型课例：徐老师的"四边形的认识"和孟老师的"分数的初步认识"。这两堂课都是种子课，都是概念课，且通过专家引领已经比较成熟。关于这两节课，教研组应该有完整的教案、课件、录像，这就是我们学校的典型课，不管谁需要，都有整套的完整资料；不管谁来上，都可以达到一定的水准。指导层次要有递进性，假如每一次指导都是在原地打转，"涛声依旧"，"船票过期"，就会让教师们失去兴趣。

最后，要保证教研活动的到位率。对一个学校来说，专家的到来，其实更多的是研讨氛围的营造，所以，一旦确定有某一个专家来，就要保证该教研组教师都能够参与，尽量不要再安排其他大型的活动，尤其是在编制十分紧缺的学校更是如此。试想教师们都没有时间来参加教研活动，参加教研活动的时候都心神不宁，何谈教研活动的质量呢？再说，邀请了专家，参与的教师稀稀拉拉，也会让专家产生不被重视之感，反而会给学校带来不利影响。所以，一旦确定开展一个教研活动，那就要全力以赴，精益求精，做得深入做得有效。

一个人的最高需求是自我价值实现和自我超越的需求，我们面对的不一定都是自带光芒的自燃型教师，如何去点燃每个人内心的种子，需要校长的智慧。

智慧点睛：

引领教师成长是校长的重要工作，如何引领需要校长的智慧。它既需要校长循循善诱，激发教师的成就，也需要一定手腕，通过一定有难度的活动形式给教师专业成长的机会。校长应从动机、形式、机会等方面关注教师成长。

第三章
各尽其才，搭建课程平台

　　课程是应学生身心发展需要而设置的育人活动方案，是学生在学校获得的全部有指导的学习经验，同时也是学校对学生在学校学习经验的有目的、有计划的指引和指导。[①] 在中国实施新课程改革之前，学校课程主要是政府来负责建设，由学校负责采纳和使用，新课程改革提出建立三级课程管理体制后，学校拥有了课程建设的权力，开始了以校为本的学校课程建设。这就要求学校要从学生的全部经验入手进行整体建设和统筹规划，发挥各种学习经验和经历的全面育人作用。学校的课程是学校育人目标得以实现的重要载体，是学生素质落地的主要途径。科学合理的课程，是教学质量的有力保障。每一个学校要确保国家课程的质量，又要从校情、学情和教情出发，来构建适

---

① 胡定荣：《当前中小学课程建设中面临的八大问题与改进建议》，载《现代基础教育研究》，2016，21(1)。

合自己的课程体系，为学生个性化的发展提供更多的选择性。

本章一共讲了7个小故事，分别从课程开发的理念、实施的途径、内容的选择、教师的参与等方面做了介绍。

《校园创意小海报》阐述了我的课程开发的理念：课程应该为学生搭建成长的平台，让学生实现心中的梦想和期待。《从一节优质课到一门"碘"课程》讲述的是在我的带领下，教师如何从畏惧课程设计到参与其中的过程，体现了校长利用时机、借势而为的智慧，说明了真正的课程是因真实需要而存在的。《严老师的C＋C布艺社团》讲述了一位酷爱手工的教师不断提升课程质量、扩大课程影响力的过程，从这个故事中我们强烈感受到一门课程"因为热爱所以卓越"，优秀的课程是一种人格的影响，一种真善美的辐射。《水果采摘来竞标》讲述的是如何把问题转为课程，体现了"时时处处皆课程"的课程观，而《门卫师傅也成了课程教师》《我的课程，我喜欢》，通过讲述真实故事来说明"成就教师的精彩同时也成就了学生的精彩"，既说明了课程谁来开发的问题，也说明了课程对师生共同的作用。随后《适性校史课程为学生打上母校的印记》比较完整地呈现了课程的设计理念、架构体系、实施策略、独特展示等，或许能对大家有所启示。

故事十五　校园创意小海报

每个学生都是不一样的，教育不仅仅应"各因其才"，更应"各尽其才"。学校要为学生搭建平台、创造机会，让他们实现心中的期待和梦想，这就需要管理者始终坚持一颗包容、接纳的心，鼓励和接纳学生们众多的校园创意，让学生们感受到学校对他们的尊重，他们才会竭尽所能发挥自己的聪明才智，为自己的成长负责。

缘起："我的小海报"

每一个学生都有展示自我的欲望，为了实现学生们的梦想，我们开设了蔚斗小学的星光大道——豆豆舞台。每周二、周四的早晨，都有学生在一楼大厅进行表演。内容十分丰富，唱歌、跳舞、器乐、体育、杂技、头脑奥林匹克，只要学生自己觉得有意思就可以展示。表演十分自由，没有人管理，学生也是爱看就看，不爱看就走。大队部要求每个表演的学生事先制作一张海报，在表演前三天张贴在醒目的地方。

第一张海报出来了，制作十分精美，是广告公司的产品。渐渐地，我们发现海报风格向原生态发展，往往是一张照片、手绘的装饰、手写的文本。不知什么时候起，海报上有了邀请词："欢迎大家来观看！""不见不散哦！"慢慢地，海报上有了口号："玩转魔方，高手的智力游戏！""俯卧撑，体育运动中的战斗机！"谁能想到"俯卧撑"居然是"体育运动中的战斗机"，反正他想到了，而且还广而告之了。就这样，大厅里的海报在人来人往中，一点也不寂寞。要表演的学生会制作好海报，还会邀请自己的好朋友为自己助阵；而其他学生则学会了看海报，并能够根据海报的内容获取自己感兴趣的节目信息。在这个过程中，表演者需要综合运用美术、设计、书法、写作等能力，他要有足够的信心和一定的沟通协调能力，他还要做好充分的准备以让慕名而来的同学觉得他实至名归。而其他的学生呢，则学会了收集信息、整理并运用信息、现场评价、文明观看等能力。这一切，没有教师的监督，没有父母的参与。"我的小海报"让我们知道，相信学生，给他们时间与平台，学生的能力不容小觑。

发展："我们班的小海报"

更有意思的事还在后边。第二年5月，校园的各个主要路口，出现了这样的一张手绘小海报："604班毕业美术作品展，地点：一楼大厅一池春水展区。欢迎大家参加哦！"三天后，604班的毕业美术作品展在一楼大厅进行。接下来的一个星期，601班也用同样的方式展示了他们班的手工作品。展示的那几天里，人来人往，604班、601班的学生自发地维持着秩序，自信地向来往的同学介绍着他们的作品，并用海报告诉大家："这是我们送给母校的礼物！"在海报的见证下，六年级学生对学校的感恩之情在人来人往中温馨地传递着。

时间到了6月，602班的几个学生来找我。他们告诉我，因为毕业典礼钱不够，所以希望在校园里举行一个拍卖会筹措经费。大队辅导员已经同意他们的请求，希望我能够批准。那意思很明显，这笔钱能不能筹到，看我了。我同意了他们的请求。当天，校园里各醒目地方出现了602班"跳蚤市场"的海报。6月13日中午，602班的"跳蚤市场"如期举行，摊位就设在食堂与教室的连廊，这是学生的必经之路。仅仅15分钟时间，他们就筹到了所需经费。毕业典礼那天，602班的学生连饭也不吃，欢呼雀跃、挖地三尺储存"时间胶囊"，他们一定为筹措经费之举感到值得。这样的一种经历，一种品质，难道不是教育所需要和倡导的精神吗？"我们班的小海报"让我们相信，把主动权和选择权还给学生，他们会释放出属于他们的正能量！

启示："我们学校的大海报"

小小的海报提醒了我们，是否可以把一些面向学生的活动设计成海报，给更多的学生以知情权、选择权。学校通知活动的方式难道仅仅是挂在网站上？这样的一种方式，看起来是公开了，可是学生有那么多上网的机会吗？所以，海报，成了我们的另一个平台。

我们学校已经十多年没有进行野炊了，今年在总务主任的不懈努力下，终于找到了一个理想的野炊地点。距离活动还有两个星期的时间，大队部准备在大厅贴一张海报，把这个好消息告诉大家。可教师们也担心："这么早让学生们知道，心不飞了吗？要不活动前三天贴出来吧？"是呀，学生们兴奋起来可是没有边的！可是，一个活动，难道仅仅就是去走一走、烧几个菜吗？活动前，是不是要让学生们知道准备些什么？活动中，是不是要让学生们知道应该注意些什么？活动后，我们是否应该总结一下，收获了什么？这样的活动才有它的价值，才有课程的价值。我们把想法跟教师们进行了沟通，得到了教师们的认同。海报贴出的那天，全校学生欢呼雀跃。

之后，学校一有大型的活动，大队部都会在一楼大厅最醒目的地方贴上海报，看看学生们的反应，听听他们的意见，让活动发挥它的最大价值。学校召开运动会需要招募场地裁判志愿者与班级服务志愿者。大队部把这项活动以海报的形式告知全体学生，从自愿报名、竞聘、培训、服务，到最后的评价，整个过程公开透明。运动会后，一位教师在博客中这样写道："今年的运动会特别令我难忘，很大原因是有了一支全心全意热情工作的志愿者队伍，他们不是运动员，没有驰骋赛场的机会，但他们在自愿报名的岗位上体现了自己的价值。他们参与运动会的管理和裁判工作，圆满完成任务，撑起了运动会的半边天；他们工作认真，责任心强，得到了老师们的一致好评。或许，这些孩子平时不是那么出色，或许，他们常常令周围的老师、同学头疼，但是，今天他们用热情和付出，让我们的运动会更加圆满。他们用自己的行动告诉我们，给孩子一个令其心怡的平台，他就会开出自己梦想中的那朵花。"

好的教育，应该鼓励和接纳学生们众多的校园创意；好的教育，应该从学生的需求出发，帮助学生实现心中的梦想。在小小的海报文化演变过程中，我们发现，把探究权、选择权还给学生，也就是把发展权还给了学生。它不仅仅给学生们自由发展的空间，满足了他们的情感需要，丰富了他们的生活体验，同时也让学生感觉到学校对他们的尊重。

智慧点睛：

　　学生的个性化发展需要学校搭建多样的平台展现学生的个性化才能，小小的海报看似只是简单的宣传，却是学生表现自己的大舞台。本文中的校长擅长从小事中发现领导的智慧，将小小海报的价值发挥到极致，形成的"我的小海报""我们班的小海报""我们学校的大海报"不同的层次，为学生提供一个展现自己的大平台。

故事十六　从一节优质课到一门"碶"课程

区里要进行地方课程优质课比赛,学校推选了黄老师参加,并成立了一个赛课团队。由于是自定选题,所以内容的选择十分关键。我们赛课团队左思右想,绞尽脑汁,内容始终确定不下来,眼见着其他学校内容都已经选定,而我们毫无头绪,我心中越来越着急。

选什么内容呢?听说其他学校选择的都是地方小吃,有趣、好玩、吸引学生,要不我们也选"小吃"?可是我们这儿没有啊!老师们来和我商量,想听听我的看法,我提出了一条新的思路:我们这个地方是浃江文明的发源地,"碶"的资源是全国独一无二的。这个内容展现的是地方特有的水利设施形成的特有本土文化,在选题上比较有深度,且有着鲜明的地域文化特征。这个内容有新意、站位高,他们十分赞同,可是这一群人对"碶"都不太了解,需要赶紧补上"碶"的相关知识。

其实当我知道他们为选题而犹豫时,就一直在思考:我们这个区域的特色是什么?我们需要上一堂怎样的课?地方课程的特点是什么?我是一个土生土长的小港人,对家乡的文化、风土人情一直十分感兴趣,《镇海县志》《小港镇志》我翻阅了很多遍。古时的小港深受海水倒灌之苦,老百姓以石板为闸,拒咸泄洪,形成了浙东沿海独具特色的"碶"文化。我校紧挨的小浃江是全国现存古碶最集中的区域。千年流淌的小浃江构筑了堰闸碶桥的水利文化，孕育了浃江流域的农耕文明，开启了壮丽多彩的海上丝绸之路。所以，碶的文化是当地特有的文化，碶的发展是家乡沧海变桑田的经济文化发展史。我的讲述坚定了他们的信心，我们就上这堂课，课题是"家乡的碶"。

一周后，"家乡的碶"这节课初具雏形，我们从碶是什么，碶的功能和作用，碶的文化延伸入手，让学生了解，碶是北仑独有的水利设施，是大海和江河交汇处的景观。北仑人民的发展史就是一部以碶为桥，沧海变桑田，咸碱变良田的变迁史。这节课激发了学生探究家乡文化的热情，彻底改变了学生心目中"我们是新区，无历史底蕴"的印象。黄老师对这节课越来越喜欢，越研究越感受到家乡文化的博大精深。我们伴随着黄老师一次次打磨，一次次试教，终于在区优质课比赛中获得了第一名。随后，我校代表区参加市优质课比赛，获得市一等奖第二名。黄老师的素质并不是非常突出，之所以一次次脱颖而出，是因为我们的选题深深打动了评委。电视台的记者知道我们在研究碶文化，希望我们能够为他们制作一期"碶的文化"节目；市委宣传部听说后，希望我们能够把这个课例录下来，作为地方文化传承的资料；街道的领导闻讯后，希望我们的老师到各个社区上一上"碶的文化"课……一节优质课，居然刮起了"碶文化"的研究风，我们十分激动，原来碶的文化在每一个家乡人的心田里，原来一节优秀的课可以对社会起到如此广泛积极的影响。我们研究碶文化仅仅是为了赛课吗？比赛后这个碶文化的研究就束之高阁了吗？不是的，我们应该继续研究碶文化，把一节课变成一门课程，一门关于碶的课程，在这门课程中，了解北仑的历史，了解古代劳动人民的智慧，了解北仑因碶而生的特有的地方文化，通过这门课程，让我们每一个人都热爱我们家乡的过去和现在。

全体教师会议的时候，我请黄老师向大家分享了参加这一次赛课的感受和体会，讲述了"家乡的碑"受到社会如此追捧带给他的震撼和感动。普普通通的黄老师获得了市一等奖，这一节课还获得了如此高的社会关注度，这说明什么？说明我们选择的内容契合了当下人民的期望。当我向全体老师提出"我们要继续开展碑文化的研究，要形成一门关于碑的课程"的时候，每一位老师都觉得这是当务之急、时代所需。我们首先组建"家乡的碑"课程开发小组，采取自愿报名的形式招贤纳士，成立了一个由6位教师组成的课程开发核心小组，由我担任组长。随后我带领团队参观了小浃江上现存的典型的碑，走访了当年守碑的老人，拜访了当地文化知名人士，手绘了"小浃江上的碑"地图，整理了关于碑的文字和视频资料，最后把这些资料汇总，形成了"家乡的碑"课程学习文本。此时，有老师建议最好在校园里建造一个碑的模型，可供学生在校内进行探究学习。这个建议好，总务处的邱师傅只用了三天时间就完成了任务。原来他听说我们在做碑的课程，早就猜到我们会在学校建一个碑的模型，早已经和科学组的老师探讨过好多次了，学校里刚好有两个相连的鱼池，两个鱼池之间建造一个小型碑闸刚刚好。建造碑的那几天，围满了好奇的学生，他们想看看这神奇的碑到底是怎样的，用怎样的材料制作，怎样运行。只见碑门一关，水流停止；碑门一开，水流倾泻而下。学生们掌声雷动，围在碑的旁边久久不愿散开。

课程开发建设的两个月中，我们核心组的成员广发"英雄帖"，通过征集碶的手绘、设计微型碶、征集碶名、邀请随访、共同参观等方式邀请全体教师共同参与课程开发的过程，教师们对课程的开发从一开始的质疑、畏惧到卷入、参与。两个月后，我们在刚刚修建完成的"蔚斗小碶"旁举行了"家乡的碶"课程发布仪式，告知全体学生和教师，在我们所有人共同的参与下，这门课程的文本、视频、基地、课时设置等都已完成，从下一个学期起，这一门课程将成为历届五年级校级必修课程，持续一个学期的时间，总计8课时。

新的学期开始了，在学生的期待中，"家乡的碶"启动了，我们要求孩子们做好前期的调查统计，由我先上大课"家乡的碶"，然后分班级形成研究课题。我们先带领孩子们探究学校小型碶闸的功能设施，模拟拒咸蓄淡、分洪储水的功能。接下来带着研究课题实地走访身边的碶，通过"看一看年代久远的碶""量一量每一道碶的长度""搜一搜碶名""做一做碶模型""讲一讲碶的工程艺术""聊一聊关于碶的故事传说""访一位现代守碶人"等课程内容推进。学生们惊讶地发现：在一条河流上保存最完整的碶就在我们的身边，就在我们的母亲河小浃江上。碶是家乡不可或缺的水利设施，见证着咸碱变良田、沧海化桑田的家乡变化。每一座碶都有一个或长或短的故事，体现传统美德和祈求平安富足的愿望。这样的故土情怀、家乡眷恋远比文字、说教更有说服力。

"家乡的碶"本来是一节为参赛而准备的优质课，最后成了学校独具特色的校本课程，在其中，教师从一开始的惧怕课程到卷入课程到参与课程开发，实现了一个从被动到主动的跨越。一线教师熟悉的是一堂课怎样设计，对于一门课程怎样开发却是不熟悉的。在这个过程中，我们每一个人对课程不再抵触，欣然参与，因为课程的生长在真实的情境中，课程的生长在真实的需要中。我想，这既是课程开发的魅力，也是课程开发的宗旨吧。

智慧点睛：

　　课程开发需要依托本土文化资源，本文中的校长很好地把握了这一课程开发的精髓，将被人遗忘的北仑"碶"文化作为课程资源进行校本课程开发，取得了意想不到的效果。现代社会中很多传统文化正在不断地遗失，基于本土文化资源的课程开发，既是一个课程开发的过程，也是一个文化传承的过程。

故事十七　严老师的 C+C 布艺社团

　　新校区的图书馆非常漂亮，它有一个十分好听的名字——"环旅书屋"。图书馆里有一艘巨大的"船"，学生可以坐在船上看书，也可以顺着船上的滑梯滑到各个角落，这不，还没正式开馆，已经红遍全校了。过了几天，布艺社团的严老师来找我，她说，学校图书馆那么漂亮，能否让图书馆暂时作为他们的社团课程教室，他们可以根据图书馆的特点，专门制作一批布艺作品，把图书馆打造得更加漂亮。

　　严老师是一个十分心灵手巧的语文老师，她所带的 C+C 布艺课程是区精品课程。有一天，我和严老师散步，看到配电箱露在外面既不安全也不美观，她说布艺社团有办法，几天后，配电箱的外面挂上了一幅用布艺拼接做成的画，不明真相的人根本不知道这是配电箱的盖子，所以她还做了一个警告标识立在旁边。严老师喜欢布艺，总是琢磨着怎样把这个课程做得更好，有一次她来找我，说布艺课程没有新思路了，难道这门课就只是"做做做"吗？这和她想象中的课程不一样。于是我们就静下心来聊课程，聊生活，聊到小时候在妈妈身边穿针引线，手工缝制"司马克"赚学费，这样的劳作是我们童年中多么美好的回忆。布艺课程不仅仅是做手工，更重要的是为什么做，有什么收获，所以主题十分重要……在交流中我们的思路渐渐明晰。回去后，严老师结合学校办学理念"多彩泰河，精彩童年"，在课程中融入了"多彩"的理念，把布艺课程的内容分为三个篇章——多彩认识、精彩创造、出彩绽放，紧紧围绕"彩"字做文章。严老师把自己的布艺课程更名为"C+C布艺课程"：第一个"C"代表传承，传统的手工需要传承；第二个"C"代表创新，传统的手工在孩子们的手中进行创新；两个C都代表多彩。用传统的布艺手工加上孩子们创新的想法去创造美好的生活，用美育的形式来让我们的劳动教育更有创意，更有价值，这是C+C布艺社团课程新的课程目标。这次严老师来找我，看来她已经有了十分明确的方案，他们准备怎样去呈现C+C课程的特色呢？

  C+C布艺社团决定为环旅书屋开门营业送上一份精美的贺礼。送什么呢？社团成员们争先恐后地发表自己的建议，最后讨论决定在三年级组发起一次由布艺社团组织的"我为新图书馆献礼——布艺动物我来做"活动。他们开展了深入的研讨，确定了活动步骤：首先，制作范例。先由布艺社团利用废旧布料、饮料瓶、棉絮等材料制作一些范例，做成流程图拍成小视频供全年级同学借鉴，以此抛砖引玉。然后，宣传推广。由各班布艺社团成员在班级和班级群内把宣传视频和社团活动意图进行宣讲，告知活动的意义，明确活动的要求。最后，制作发动。这样的活动离不开班主任的鼎力支持，在社团成员们的积极游说下，各班主任都被邀请作为活动的特邀嘉宾配合行动，提高了活动的受重视程度。最后，赠送礼物，摄影留念。短短一周的时间，他们收到了246件布艺动物作品。严老师从中挑选出了120件作品放到图书馆。当她带领着120位制作者来到图书馆，把制作的布艺手工作品放在自己喜欢的位置，然后和自己的作品合影留念时，同学们别提有多么激动了，要知道这可是环旅书屋的第一批"小客人"！

我漫步在环旅书屋，看到书架上有几只布艺小猫咪，旁边有猫咪的制作介绍，更加细致入微的是上面的文字："小朋友们，请爱护你们的图书哦！"我发现还有好多这样的玩偶，其中最引人注目的是一只可爱的小老鼠，仔细一看，是把手套稍做改动套在一个喷水壶上，太妙了，好有创意。我仔细一看，发现了好多可爱的小老鼠。哦，今年是鼠年，学生们真有心！布艺社团不仅在图书馆制作了各种各样可爱的小动物，还为原来几面空白的展示墙做了精美巧妙的布置：那绣花绷里绷出的缤纷花布，那温暖柔软的猫头鹰靠垫，用牛仔布做出来的各种小玩偶，用无纺布做出来的未来扫地机器人……每个作品都有小故事，每个作品都有小创意。看着这些作品，我不禁感叹于学生们的创意无限，我不禁感叹于一个社团超强的影响力。

严老师曾说，真正的喜欢是不谈坚持的，真正的喜欢是不计较付出的，它是发自内心地不断努力，然后就这样把每件事情做到最好。是啊，严老师是一位语文老师兼班主任，若不是有着这样的喜欢和坚持，怎能有如此的付出和努力？怎样在如此短的时间里收到246件作品，每一次社团活动都能够得到家长、学生、教师的支持？我想是因为她对布艺的那份爱，那份投入，深深地感动了每一个人。好的课程，传递的不仅仅是知识内容，更是一种人格影响，真善美的辐射。

智慧点睛：

　　校长的课程领导力体现在哪里？本文中校长抓住了严老师心灵手巧这一特点，鼓励其不断创新丰富自己的课程，并以引导的方式参与了严老师的课程开发，让严老师不断收获成功和喜悦。校本课程的开发需要依据教师本人的兴趣和经历，也需要校长的引领和支持。

故事十八　水果采摘来竞标

校园里有一个近 1000 平方米的果园，种满了各色四季水果，学生们喜欢在果园里玩耍，看着果树抽芽、舒叶、开花、结果……伴随果树四季变化，学生们在季节轮回中亲近自然、感受成长。今年的雨水均匀，水果压满枝头，可是这满树的果实却让总务主任愁眉不展，因为今年的水果特别多，光靠总务处老师根本忙不过来。校园丰收季变成了"烦恼季"，这可急坏了总务处的老师。能不能将这个"大麻烦"变成课程呢？德育处和总务处一商量，决定举行一次"水果采摘竞标会"。德育处制作了水果采摘竞标会海报，告知了竞标的要求和过程：参与的班级要递交申请书、填写竞标书、参加现场竞标会。

海报贴出后，响应的班级还真不少，可是听到要写竞标书、参加现场竞标，有几个班主任打起了退堂鼓："哎呀，这竞标书从来都没有听说过啊！这竞标书怎么写啊！""老师，可以网上找资料，我们可以去请教爸爸妈妈。"看来，学生的热情比老师高。一件事情，通过校集会、校园海报等广而告之，自下而上，往往更具有力量。各班自发成立了"水果采摘竞标组"，有 18 个班级向德育处递交了书面申请书，最后有 10 个班级通过意向申请，获得了参加现场竞标会的入场券。学生们在班主任协助下根据竞标书要求，从班级优势、采摘方式、采摘注意事项、果实如何分配等几方面进行实地考察论证，最后形成竞标文本。

前期紧张准备后，进入现场竞标会环节。每个班级派三位代表参加，现场抽签，3分钟准备，5分钟展示，2分钟现场答辩。为取得采摘权，每一个班级都做了充分的准备，每一个代表的表现都十分精彩，现场展示有理有据，现场答辩沉着从容。第七组是103班，虽然入学才一个半月，面对大哥哥大姐姐，他们毫不胆怯，用手绘连环画配上拼音标示的文本，用超级甜的笑容打动评委……最终，四个班级以微弱的优势获得这一年秋季水果采摘权。

中标班级设立了果园护卫组，设计了温馨提示牌，管理的学生一下课就在果园巡视，遇有"图谋不轨"者善意提醒；早晚两次仔细清点，看看水果数量有没有减少。今年果园比往年热闹，挂在枝头的水果明显比往年要多一些。可真要采摘了，难题还真不少。如何判定水果成熟，保证有效采摘？选用哪些工具，保证不伤害果树？学生们邀请科学老师担任水果采摘辅导员，一起研究检测水果成熟度；邀请校工师傅传授采摘技巧。每个班级设立了水果检测组，定期检查记录比对数据，保证水果有效采摘；每个班级还设立了水果分配组，保证水果分配到最应该享受的人。

橘子成熟的季节，我的办公桌上每一天都会有几个橘子，还有一张温馨贺卡。柿子成熟的季节，我的办公桌上每一天都会有一个柿子，还有一张温馨的贺卡……我感受着水果竞标后的甜蜜，感受着学生带给我的幸福。"水果采摘竞标会"是学校基于真实情境面向全体学生的一个体验项目，通过递交申请书、现场竞标会、水果采摘等系列活动，引导学生解决生活中的实际问题。事实上，这样的体验式项目呈现出的是多样态学习方式，它更有利于培养儿童有责任、有担当的品质，呼应了新时代立德树人背景下中国儿童的核心素养。

智慧点睛：

综合实践活动有利于发挥学生学习的主体性，培养动手探究能力、团队协作能力。这个故事中，严校长巧妙地将学校丰收季的"大麻烦"转化为综合实践活动的课程资源，大胆开展校本综合实践活动课程开发，化"烦"为"宝"，这是一种领导智慧。学校管理是一个动态的过程，其中蕴含了很多混沌因素。校长要巧妙地处理学校管理中的偶然事件，善于化危为机。

故事十九　我的课程，我喜欢

记得著名诗人席慕蓉在接受记者采访时说过："绘画对我而言是专业，所以会感到来自专业的压力。写诗就完全没有压力了，完全是一种享受和解放。"我们有一些教师教授相应的学科并非出自本意，可能是当时学校工作安排的需要，也可能是无奈之下的适应。如果校园里能够有属于他自己的课程，那课程的质量就完全不一样了。

刘老师是"50后"，年轻时候很喜欢美术，剪纸、板报、国画是他的特长。可是这么多年来他一直担任语文教学工作，心中的美术梦只能埋在心底。学校开设社团，他第一个向学校提出申请，希望能够让他带一个美术类社团，学校通过了他的申请。水墨社团招收了25位学生，地点设在美术准备教室，刘老师十分用心，这个社团很受学生欢迎。8月底，刘老师愁眉苦脸地来找我："校长，我这个社团只招收30个人，可是报名人数却有120个，一个个都托关系来，这叫我怎么办啊！"我说："这好啊，说明你的社团课程做得好，所以才这么受欢迎，学生们挤破了头也不一定能进呢！招谁，你自己定，我相信你！"刘老师乐呵呵地走了。我们的刘老师以前哪有机会去自己选择学生，哪有机会能够如此明显地感受到家长的认同？而今天，社团课程报名的火爆可以让他真实感受到，这是对他职业价值的认可，对他辛勤付出的认可。有这样的认可，哪个教师内心会不欣喜不自豪呢！

　　看到刘老师的课程如此受欢迎，我们让他担任了美术专职教师。他把国画引入到美术课中，开始编写儿童水墨画系列校本课程。临近退休的他开始写论文、写课题、编教材、开设水墨课程的公众号，把更多的学生作品在公众号中展示，与家长共同成全学生的水墨梦想。2016年，刘老师的"我的水墨我的梦"成为市级精品课程。他每一天都很忙碌，但每一天都很快乐。他忙着学习裱画的技巧，这样他就可以自己给学生裱画了；他忙着把课堂作业的作品一张张展示出来，然后再一沓沓放好，做成学生的成长档案；他要忙着拖地整理教室，要保持教室每一天都整洁如新；他忙着辅导学生出黑板报，他忙着学摄影，他忙着到社区里做美术志愿者……用他的话来说，这是我喜欢的课程，"我喜欢，永远都不累"。

　　陈老师是一位数学老师，他酷爱打羽毛球，带了一个羽毛球社团。每天下班后的一个半小时，每一个寒暑假，都是他的训练时间。寒来暑往，风雨几年，他从来没有说过一个"累"字，也从来没有主动要求过一分加班费。问他为什么，他说："这是我的梦想，当我带着学生打球时，我觉得我人生的愿望实现了，我满怀欣喜期待，所有的不快都消散了。"小乐是一位普通的语文教师，学校发现她很喜欢越剧，鼓励她申报成立了一个戏剧社团，两年后，戏剧社团获得区优秀社团展演一等奖，如今的她已经是一个标准的越剧票友，一位十分优秀的班主任和语文老师，越剧社团课程带给她自信。音乐教师滕老师，擅长声乐，尤其是合唱，她申请成立合唱社团，三年后合唱社团在浙江省少儿合唱比赛中获得一等奖。他们在自己的课程中自信成长，欣喜痴迷。用他们的话来说："有这样的一方天地，我的生活乐呵呵，再苦再累再大的困难都压不倒我！"

我们积极鼓励教师们组建自己的社团，尽一切可能为他们提供资金和平台上的支持。学校采用"自己寻找、处室搭桥、学校买单"的方式，送教师外出培训学习。比如，送合唱指导教师参加全国以及省里的合唱培训，送陶艺指导教师到江苏宜兴学艺，帮助戏剧指导教师加入区越联会，送教师参加区教工合唱团、区教工舞蹈团，参加书画协会，等等。只要对教师的特长发展有帮助，只要教师喜欢，学校就乐意为他们跑腿、买单。美术教师小周想成立一个摄影社团，担心投入太大，不敢打申请报告。我们了解情况后，为他购置了一个简易的摄影棚，一套实物投影仪和大屏幕，一个照片专用打印机、冷裱机等摄影社团所必需的设备，同时又联系市摄影俱乐部，帮助他成为其中的一员。如今的小周，每天带着他的一帮学生，捕捉校园精彩动人的瞬间。

让学生快乐学习的前提是教师快乐工作，只有这样，才能培养出快乐自信的学生。假如我们的教师不自信不快乐，遑论学生的快乐与自信！种种的原因使我们的教师并非能够按其意愿工作和生活；或许他正从事的学科并非他最喜欢的但已无法更改，或许因为不能兼得而难圆年轻时梦想，或许豪情满怀却难以出口；现实生活中，有太多的或许和遗憾。作为一名校长，我们应相信每一位教师都渴望获得成功，相信每一位教师都可以做得很棒，我们要做的是努力地去寻找教师的闪光点，并且搭建各种舞台，帮助我们的教师获得成功，塑造自信。教师在学校的发展中成就灿烂人生，而学校是在教师的成长中铸就辉煌业绩。只有尊重教师实现个人价值的愿望，才能够真正帮助教师获得成功。

智慧点睛：
　　管理是将有限的资源进行最大化的开发。在学校管理中，我们常常关注教师的专业能力而遗忘了教师个人的兴趣、特长。学生需要个性发展，教师也一样。尊重教师的个性发展，将教师的个性才能作为课程开发的人力资源，有时候会产生意想不到的效果。

故事二十　门卫师傅也成了课程老师

最近，我们学校的学生被一株硕大的萝卜吸引了。别的萝卜都种在地里，唯独它长在花盆里，白色的根，比热水瓶还粗，比热水瓶还高，它的头上长着叶子，叶子中间，有未开全的花。远远看去，像极了学生们口中的"长草的小羊"。所有看见这大萝卜的人都非常好奇，忍不住停下脚步，多看两眼。就这样，这棵神奇的大萝卜从菜园来到了校门口，每到上学放学，这棵大萝卜周边围满了好奇的学生，萝卜俨然成了学校一道风景线，而赏萝卜的人也成了别样的美景。

如果你驻足痴望久了，一位黑瘦的男人会出现在你眼前。不必惊奇，他是萝卜的主人，是我们学校的门卫师傅，我们都喊他老邱。这大萝卜怎么这么大？老邱定会如数家珍般滔滔不绝："这萝卜的品种不一样，叫九斤王。种萝卜可不简单呦，它得早种，但也不能太早，要不然会死，大概7月底最合适。浇水也有讲究，多了根会烂。还得照顾好它，否则长虫子生病就不好喽。"

老邱是学校的门卫师傅，空闲之余，喜欢种菜、养小动物。学校知道他的爱好后，就在门卫房的周边开出了一块菜地，让邱师傅负责打理。邱师傅是个有心人，他听说学生不理解"棉桃"，就种上棉花，让学生在校园里就可以看到棉花的生长过程。他听科学老师说，学校里最好有一个十字花科的基地，于是就种上油菜、白菜、萝卜、菠菜等。他了解到学生养蚕却没有桑叶，就在校园里种上桑树供养殖小组的同学们采摘。他听说学生分辨不清韭菜、小麦，就在校园里种上韭菜、小麦、大蒜、葱，并做好标记让学生一一辨识。学生们在观察中理解了"露珠在荷叶上滚来滚去"，在劳作中体验"使出吃奶的力气拔起萝卜"，在收集凤仙花的种子时理解了"一下子就蹦了出来"。邱师傅不仅会种蔬菜，还会用蹩脚的"宁波牌普通话"给学生上课，手把手地教学生种植。学生因为喜欢这位热心的门卫师傅，特别听得进邱师傅讲的那些珍惜粮食的道理。

邱师傅不仅仅会种菜，还会养殖小动物。他把校园的小竹林围了起来，养了大白鹅、小白兔、公鸡、母鸡……把校园废弃的航模池进行改造，养了龙虾、金鱼、鲤鱼等。他带着养殖小组的同学一起研究动物的养殖，一起研究用孵蛋机孵小鸡……学生们知道如果龙虾跳到了荷叶上，那就是要有雷雨了，知道大白鹅在管家方面俨然要比狗厉害得多……校园里因为有这样一个动物园，哪怕是节假日也常常会有来看望小动物的学生的身影；因为有这样一个小小动物园，多少学生毕业后一直念念不忘。

在我们心中，邱师傅已经成了学校的课程老师，他的课堂不局限于一成不变的教室，而是五彩缤纷的大自然；他的教学载体不是单调乏味的文字，而是声情并茂的鸟鸣兔跳、生动真实的动物相处。其实，在学校里像邱师傅这样的职工还有很多：我们的清洁工阿姨的言传身教遍布校园，走廊上，能看见她们手把手教学生扫地；厕所里，能看见她们手把手教学生洗拖把；食堂中，能看见她们手把手教学生将餐盘摆放有序……正是有了他们的配合，学校的十大好习惯真正落到实处，让学生们在生活的细枝末节中，感受到"始于规范，行于精细"。我们的水电工唐师傅，教室的灯具、课桌、门把手坏了都得找他。他总能像哆啦Ａ梦一样从"百宝箱"里找出工具，了解了问题所在后，三下五除二修理完，他还设计出自动喷淋洒水系统和小动物自动喂食系统……看到唐师傅头顶点心，穿梭在校园，学生们惊叹不已，对他佩服得五体投地。正是邱师傅、唐师傅、清洁工阿姨，让学生们看到了生活中的达人，让他们明白职业不分贵贱，各人都有价值。我们感谢这些普普通通的学校职工，他们既是课程的开发者，同时又是学校的一门课程，伴随着我们一起学习、工作、成长！

智慧点睛：

　　美国著名哲学家、教育家杜威提出"教育即生活"的命题，用意是将学生的生活经验纳入教育的视野，注重学生课堂外的教育经历。从这个意义上说，学生身边的每个人都是老师，学生接触的门卫师傅、食堂阿姨都可以成为课程开发的资源。

故事二十一　适性校史课程为学生打上母校的印记

"砥砺品学，锻炼体魄，深功从蒙养……"这是一首传唱了80余年的老校歌，其中所蕴含的丰富内涵与当前教育的追求不谋而合。蔚斗小学创办于1927年，因使用"蔚斗庙"的庙产作为启动资金而得名，同时也承载着创办人"岁月斗转星移，学生蔚然成林"的殷殷希冀。

对于这样一所有着深厚历史和人文底蕴的学校，我们有理由期待她的学子身上带有深刻的母校印记。为此，我们在继承学校优秀历史文化的基础上，围绕如何为学生打上鲜活生动的"蔚斗烙印"核心命题，从文化、课程、管理等多个角度入手，打造"让每一个孩子适性成长"的适性教育。其中适性课程在我们学校的发展中扮演了重要角色。

一、适性教育图谱：为学生打上母校的印记

我们在深入了解本校历史文化的基础上，从适性文化、适性课程、适性管理三大领域出发，进行"适性教育"探索。我们通过建设"生态蔚斗""宜学蔚斗""历史蔚斗"，凸显蔚斗小学"适性文化"的魅力；通过人文管理和刚性制度规约相结合的方式，用制度引领、研究助推、评价监督，建立适性管理模式；通过国家课程校本化、地方课程主题化、校本课程多元化，进行适性课程建设。适性教育的整体建设图谱如图3-1所示。

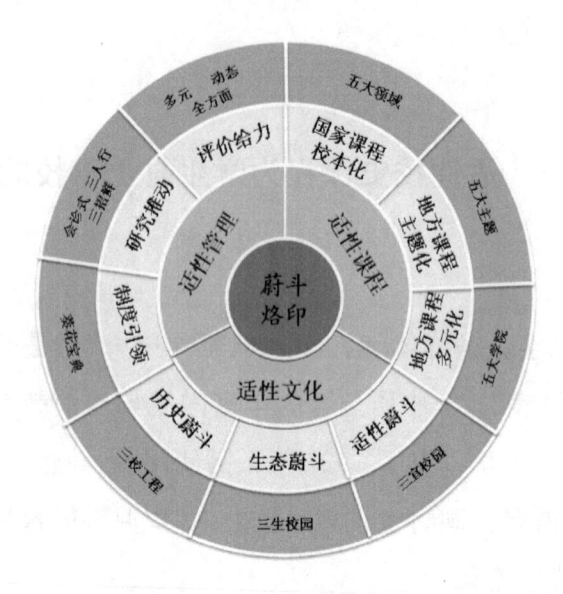

图 3-1　蔚斗小学的"适性教育"图谱

二、适性课程建设，基于培养目标进行整体构建

　　课程是学校办学最重要的载体，是学校所有工作最终的物化体现。带有"蔚斗烙印"的适性课程的建设是开展"适性教育"的关键。如何进行适性课程建设？我们认为，小学的课程不仅仅是为儿童升入中学后的各学科学习服务，更是为儿童当前和今后一生的健康生活服务。因此，我们在深入解读学校文化的基础上，从审视学生的培养目标出发，进行学校课程整体建设。

　　培养目标决定课程发展方向。"培养具有蔚斗烙印的时代儿童"，在小学阶段应当表现为怎样的样态呢？通过对学生和家长的调研，并根据学校地处城乡接合部的实际，我们确定了本校学生培养的四个关键价值取向——"健康体魄，阳光心态，得体礼仪，良好习惯"。根据蔚斗学生的实际，以及国家、地方、校本三级课程的要求，我们将学生的核心素养具体化为"四个一"

的培养目标：习得一手好字，坚持一项锻炼，获得一项特长，拥有一方整洁天地。这直接指向"心、体、礼、习"，明确的学生培养目标决定了课程发展方向。

课程的结构决定课程品质。为了"让每一个孩子适性成长"，我们找好三级课程的结合点，把学校课程划分为公民社会、艺术审美、健康体育、语言阅读、科技探索等五大领域，提出了"三个五"的课程结构（见图3-2）。

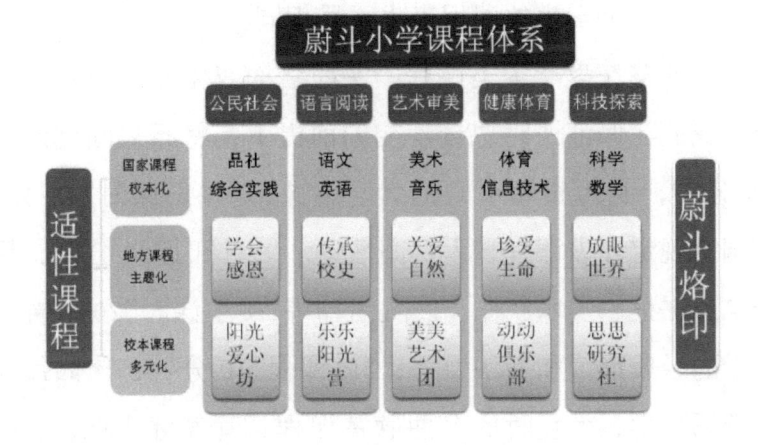

图 3-2　蔚斗小学适性课程结构与体系

其一，国家课程"五大领域"。我们基于学校课程的分类，把国家课程中的学科课程也分别归入五大领域中。例如，语文和英语同属于"语言阅读"领域，科学和数学同属于"科技探索"领域。

其二，地方课程"五大主题"。我们把地方课程的内容按五大领域进行主题整合，以学生的经验与生活为基础，重点构建了"学会感恩、传承校史、关爱自然、珍惜生命、放眼世界"五大主题实践课程，涉及乡土风情、公民道德、安全教育、心理健康，突出反映本土特点。

其三，校本课程"五大学院"。校本课程内容设置的重要因素是儿童的兴趣与需要。我们根据学生的个性需要和学校实际，以一个大本营——"兜乐苑"为中心，开设菜单选择式的"五大学院"校本课程。它们分别是：阳光爱心坊(公民社会领域)、乐乐阳光营(语言阅读领域)、美美艺术团(艺术审美领域)、动动俱乐部(健康体育领域)、思思研究社(科技探索领域)。由于每个学生选择的大课间活动和社团活动的内容不同，因此即使是同一个班级，每个学生的课程表也不尽相同。

课时调整，盘活各类课程。课程结构变化后，课时也随之改变。我们在保证课时总量不变的前提下，将原来固定的每节课 40 分钟，变为长短不一的大、小课时。"正课时"40 分钟，用于国家规定开设课程和大课间活动。"大课时"80 分钟，用于安排电影课程、美术制作、团队活动等；"小课时"20 分钟，用于每天的经典诵读和书法课程；"微课程"10 分钟，比如每天中午的砥砺品学，就餐时的名曲欣赏课程、营养健康课程，使这些零散的时间也能够作用于学生发展。根据学科与教学内容的不同，长短课时交错，张弛有度，时间安排趋于合理。

教师是课程成败的关键。教师是课程开发的主体。我们从制度、研究、评价三个角度，激发教师的课程开发积极性，提升教师的课程开发能力。对蔚斗小学来说，基本的制度仅仅是最简单的一日常规和教师修养二十条，而每年一换的工作手册则是每一位教师的"蔚斗宝典"。我们通过会诊式行动研究、"三人行"互助模式、"三招鲜"教研活动(发言抽签制、论坛轮流制、上课团队制)来推动教师研究能力的提升。我们改进评价制度，从重文化学科的评价转向重综合素养的评价，从重学校评价转向家校合作性评价，从重结果的评价转向过程性展示型评价，使教师从单纯关注教学成绩到开始关注课程开发，进而成为学校适性课程建设的核心力量。

三、"蔚斗十大烙印"：让适性课程成为孩子一生的风景

任何一个学校的课程总是通过一些独特的文化或者活动留在每一个孩子的心里，成为他们挥之不去的特殊记忆，我们把最具代表性的美好瞬间浓缩成蔚斗十大烙印（见图3-3）：开学课程、缤纷社团、蔚斗十景、蔚斗之歌、蔚斗宣言、星光大道、传统节日、课桌兜三部曲、全家总动员、毕业典礼……形成蔚斗特有的课程文化。

图 3-3 蔚斗小学"十大烙印"

9月，迎着明媚的阳光，孩子开始经历"开学课程"，融入小学生活。在这里，他自选"缤纷社团"，和父母一起"全家总动员"学习各种本领；在"月月有习俗"中，体验"传统节日"的快乐；伴随着抑扬顿挫的"课桌兜三部曲"，学会整理一方天地。

在栀子花的清香和向日葵的怒放中，在激情飞扬的"毕业典礼"上，蔚斗学子满怀着对"校园十景"无限的留恋，在蔚斗校歌和蔚斗毕业歌的吟诵中离开这美丽的校园，跨入中学的大门，懵懂小孩渐渐长成青涩少年。他不会忘记开学第一天《蔚斗宣言》吟诵的动人心魄，他不会忘记在"星光大道"展示自己绝技时心中的欣喜，他不会忘记这六年的幸福时光，那么多生动的细节，那么多精彩的片段，如此清晰地刻在每一个学生的记忆中，成为他成长的烙印，成为他一生的风景。

美国诗人惠特曼曾经深情地说过："每一个孩子向前走去，他看见最初的东西，他就成为那东西，那东西也成了他的一部分。""蔚斗烙印"的适性课程就是留给学生的弥足珍贵的最初的东西。就如《蔚斗宣言》中的一段话："不管蔚斗的星空如何斗转星移，我也会记得自己是一颗小小的流星，曾经在这里滑下过灿烂的一瞬；无论蔚斗的未来怎样蔚然成林，我也会记得自己在这里适性成长，悄然绽放过一季的芬芳……"

智慧点睛：

　　学校课程开发要在《基础教育课程改革纲要(试行)》的基础上寻求课程方案的学校表达。学校课程开发需要有系统化的顶层设计，扎根学校本土文化，深挖课程的学校烙印，本文提供了一个很好的案例。

第四章
借势破局，让管理充满智慧

我从 1997 年开始担任大队辅导员，到 2008 年担任校长，这样算来管理的经历已有 20 多年了。从一个重业务的教师转向为一位管理者，其间我有着太多的感受。从一开始对制度的崇拜，到如今对"人心"的尊重，我慢慢地意识到，管理最重要的是沟通，最重要的人心，人心齐，泰山就能移。

在本章中，我通过 5 个小故事，从管理的理念、沟通的方法、情绪的重要性等讲述了我在学校管理中的具体做法。《管理即通人心》讲述了管理者如何通过"思想沟通、即时反馈、营造氛围"等方法让理性的情绪逐渐回归的过程，表达了我"管理即通人心"的理念。这一理念贯穿在我所有的工作中，教学如此，教育如此，管理如此。我觉得"管理即通人心"应该是"知己知彼、因人而异、因材施教"几种方法的融合。

《抽查变抽奖》讲的是，状态自尊是一种由喜悦而引发的积极心理情绪，最高明的管理者应该基于每个人的状态自尊建立管理框架。"抽查"本来是一个十分让人讨厌的臭招，但是管理者通过把"抽查"变成"抽奖"，仅仅一字之差，就使教师们的自尊回归了。同时管理者"通过提高会议质量、压缩会议时间、减少会议频率"等措施让教师感受到"备受尊重"，这"抽查"变成的"抽奖"反而成了一种灵动活泼的特有文化，产生了特有的带有一定调侃色彩的积极的情绪。

人是情绪的动物，人所有的决策都有情绪参与其中。在《无规矩不成方圆》中可以感受到情绪对人的支配作用。管理者通过"明确任务、清晰分工、反馈及时"等化解矛盾，让每一位教师感受到被认可被尊重，从而以一种积极的方式参与管理。《班主任调动风波》从当下的热点焦点问题入手，管理者通过和家长既讲感情更讲理性的策略化解危机的故事，展现管理中"协调、沟通"的重要性。《校长要会"造东风"》中，校长在未达成共识时静静等待，在达成共识后借势而为，在具体开展时精益求精，充分体现了校长面对问题时"等待的智慧""借势的智慧""尊重的智慧"。

有人说，管理就是破局，我们每个人的生活和工作就是一连串的破局过程。在这个破局的过程中，要让每一个人尽可能受到尊重，要努力满足自我实现的需要，要激发教师的动力，要改变教师的惰性，学会借势破局。5个案例，很少很小，我只想告诉大家"管理无小事，事事有文章"。

故事二十二　管理即通人心

2020年全国各地最热门的教育话题就是"弹性上学"，我们教育局也出台了相应的文件，要求各校务必在4月2日之前实行弹性上学，并且要把方案上交，要向家长公示。4月2日我校新的弹性上学方案出台，在周一的校集会上，我们告诉全体学生，上学时间是7：50到8：10，到校后先上大课间，再上第一节课。

第二天就有成效了，上学的高峰期延迟了10分钟，但是老师们自动地把上班时间也延迟了10分钟，下班级管理的时间也自动延迟了10到20分钟。怎么回事？全校集会的时候只说过学生到校的时间推迟，可是并没有说过教师上班时间延迟啊。我细细观察，发现同学们上学的高峰期的确延迟了10分钟，但是因各种原因早到校的学生数量不少。可是老师们却想："上学延迟了，学生还没有到，这么早去干什么，慢慢来。"于是早到的老师慢慢地用好早餐，然后在操场上慢悠悠散步，然后慢悠悠地到办公室烧水、喝茶，然后再慢悠悠地去教室，这个时候往往已经快8：00了。本来喜欢睡懒觉的老师呢？明显来得更晚了，7：40到班级管理的教师寥寥无几了。

原来可不是这样的。我们的老师每天7：40前就到班级管理，班级里不仅仅有班主任，还有各个科任老师，教师办公室几乎没有人。清晨，琅琅的读书声在迎春花间飞扬，训练的身影在晨曦中尽情地绽放，优美的童声在校园里回荡，这可是一幅充满了神韵的图画，这可是我们学校最美的风景，也是我们学校多年的传统，也正是因为有了这一良好的传统，我校的教育质量一直居于全区上游。可是一则弹性上学的人性化规定，似乎与教师不相关，却轻易地改变了多年良好的传统。钻空子是人的通病，建立一个制度很难，可是摧毁一个制度却十分容易。弹性上学并不是延迟上学，弹性上学并不是弹性上班，弹性上学并不是不需要教师管理，可是由于我们只是简单地向全体学生宣布了上学的时间延迟，却并没有向全体教师传达弹性上学的文件精神，老师们误以为弹性上学就是延迟上学，既然学生延迟上学了，那教师自然延迟上班了。看起来小小的一个"弹性上学"，如果理解不够到位，精神传达不够准确，那就会出现这种"念歪经"的现象。怎么办？

周一有工作会议，我特意讲了弹性上学和作息更改，指出弹性上学并非延迟上学，而是早到的学生不拒绝，晚到的学生不批评。而且，弹性上学主要是面向一、二年级低年龄段的学生，我们教师的上班时间没有改变，还是7：40。实行弹性上学，是让学生有更充足的睡眠时间，更充足的享受早餐的时间。实行弹性上学，我们不能拒绝早到校的学生，因为有一些家庭的确有现实的困难，只能够早一点送学生来上学。7：40到班级管理是我们学校优良的传统，也是教师职责的体现，一日之计在于晨，一个早上工作安排充分的人是一个有条理会规划的人。我在会议中特别强调了7：40上班，我们教师要到班级进行管理，要根据学生的特点和到校的情况开展相应的活动。

周二，7：40到班级的教师增加了一些，但并不是很多。小陈原来是到得比较晚的，周二她来得比较早，说明她在乎校长的说法。那为什么其他的老师不在乎呢？我一向认为自己是挺有威信的，老师们是很尊重校长的，可是如今的情况好像不是那么回事，这是为什么？我悄悄地打听，细细地观察，利用一些非正式场合和老师交流，原来老师们认为大多数学生还没有到，去教室是很浪费的，要去，那就要高效率，要等学生基本到齐再去，集中时间办事情。现在实行弹性上学，学生们到校的时间不如原来集中了，早的早，晚的晚，活动不好开展，效果不够好。看来老师们听不听校长的话，那要看校长的话是不是符合他们的心思。校长提的要求符合实际、有道理、易操作，他们自然就听，但是校长提的要求不符合实际，不符合他们的心理，他们就不愿意去执行。看来，任何规定的出台背后都有一个"人心"，与"人心"相符的自然容易推行，反之则不然。话已出口，经已念歪，好习惯丢弃，这可怎么好？没办法的时候那只有笨办法，那就是以时间换人心，慢慢磨，一个个地抓。

周三开始，我 7：30 开始巡视校园，一直巡视到 7：50，等老师们基本都到教室为止。周四、周五也是如此。第二周，大多数教师都在 7：40 左右到班级进行管理，仅有几位教师没有到教室管理，我电话通知年级组长，麻烦年级组长告知这几位教师要及时到班级进行管理。让年级组长通知，不仅仅是要充分发挥基层管理的力量，同时也是向年级组长传达学校的想法，我相信年级组长一定会把这件事情落实好。

"弹性上学"和"到班级管理延迟"，两件看起来不相关的事情，却因为有着小小的利益，纠缠在了一起。所谓管理，就是人心的管理。当发现理念引领不够的时候，那就只有笨办法，一个个地磨，虽然慢了一点，但只要坚持，还是能够达到效果的。

智慧点睛：
　　管理是集合组织的力量完成一个共同的目标。管理需要对成员分派任务，划定职责，制定工作规定。这看起来是让别人服从，实际上是一种沟通、对话，是一个通人心的过程。

故事二十三　无规矩不成方圆

满意度测评是学校综合评估中一个重要的环节，它可以比较客观地反映一个学校教师对学校管理的满意程度。由于第三方综合评估组在同一天要测评多所学校，每次测评时间往往是教师上课时间，导致教师颇多意见，到位率不高。今年又要测评了，要求是所有教师都要参加，想起前几年将近一半教师拖拖拉拉不来，校办主任感到头疼，怎样把这件事情做到位呢？

我们分析教师们拖拖拉拉不来的原因。首先是测评时间和上课时间冲突，一部分教师在上课，甚至可能是连续几节课，导致他无法前来答卷。其次是测评的分组不够清晰，导致有的教师不清楚自己在哪个电脑教室答卷，或者去了可是却没有空余的机位。再次是对测评的意义不够了解，教师认为这是加重负担，是多此一举的事情，在意识上进行了否定，对测评一事内心是抗拒的。我们采访了几位教师，询问了他们对于测评的看法，教师所反映的情况跟我们的分析相符。根据分析的结果，我们具体采取了以下几个策略。

首先，我们跟测评组联系，希望把时间定在早自修或者中午大家都没有课的时候，方便每一位教师参与。测评组听取了我们的建议，把时间定在周四中午。其次，我们明确了组别和地点。我们要求一年级组、二年级组、五年级组在第一个电脑教室参加测评，三年级组、四年级组、六年级组在第二个电脑教室参加测评，每一个年级由年级组长负责点名，结束后把到位情况报给校办主任以便于汇总统计。最后，通过会议告知大家测评的意义，每一位教师都是学校的主人，学校在乎每一位教师对学校的看法和建议，希望通过大家的参与对学校发展起到"把脉和诊断"的作用，数据越是全面对学校的发展越是有利。我把测评的具体时间、分组安排告知了全体教师。

周四中午我们安排四位教师进行楼层管理，其余人都来参加测评。中饭后，教师们陆陆续续地来了，因为事先分组分教室十分明确，所以教师们都很遵守安排，各自到规定的教室答卷。年级组长负责点名，打电话叫没来的教师来答卷。有几位教师中午有事情，但是等结束以后都来进行了测评，最后，除了外出的、请假的，其余教师都参加了测评。整个过程用时20分钟，秩序井然，到位率高，我们的表现受到了测评组的表扬。

满意度测评为什么要点名？因为不点名根本不知道谁没有来。既然他可以不来，那么我也可以不来，既然明确每个人都要参加，那就要做到，这是学校执行力的体现。怎样落实？这就需要精准的管理，分组点名，是把管理的权限下移到了年级组长；时间统一，是有利于教师从教室出来参加答卷；明确机房，是保证教师可以随到随用，不用等待；分楼层巡视，是解决教师担心学生的后顾之忧；开会落实，是统一思想让教师们知晓测评的价值和意义。一件小小的满意度测评，要把它做好却也需要这么多的思考。所以，怎样去实施精准管理，怎样让一件事情能够得到更好的落实，需要我们从事实出发，寻求策略，明确规矩，才成方圆。

智慧点睛：

管理的高效在于条理清晰，资源配置有序，这需要良好的组织。合理地组织好活动时间、资源配置和顺序安排能够高效地完成任务。

故事二十四　　抽查变抽奖

随着手机和网络的普及，越来越多的人离不开手机，于是开会刷手机成了一个通病。我们学校开会的座椅每两排高度是一样的，老师坐在下面是在玩手机还是在记录，会议主讲人是看不到的，彼此之间也不太清楚。学校的会议内容大多是布置工作，不可能非常生动，再怎么生动也比不过刷手机有趣。我们渐渐地发现：往往是最需要认真倾听的群体，一个会议下来，却什么都不知道；每一位教师都有在会议期间刷手机的习惯，会议的效率在下降。怎么办呢？

今年开会的时候我们采取了一些小招数，十分有效。

首先是会前有约定。会议开始之前，大屏幕上出现温馨提醒三条：第一，开会时请把手机调成会议模式，不接听电话，如需接听，请到会场旁休息室。第二，开会时请认真记录，并做好必要的备注。第三，会后进行抽查，采用实物投影显示方式，抽到的教师有一份小小的纪念品。这三招中第一招是礼仪方面的，谁都不喜欢手机铃声此起彼伏的会场，也不喜欢一个有人在接听电话的会场，这既是对他人的不尊重，也是对自己的不尊重。只可惜，最基本的会场礼仪在我们校长会议上也会有人不遵守，真是让人不舒服。第二招其实只是一个温馨提醒，关键还是第三招。谁都爱面子，谁愿意自己的笔记本投影出来空空如也？所以谁都不会长时间去玩手机，而是认真地记录，因为不知道会不会抽到自己。但是这样的抽查会让人内心有抵触的情绪，怎么化解？给抽到的人一份小小的纪念品，让"抽查"变成"抽奖"，让检查成为一种期待。难怪第二次抽查的时候，我说，接下来我们……我还没说完，年轻人就已经把我的话接下去了——"抽奖"。原来在他们的心里这"抽查"变成了"抽奖"。第三次进行抽查的时候，抽中的几位老师欣喜地高高举起拳头，在老师们的欢呼声中上台，然后向主持人深深鞠躬，"谢谢，谢谢！我运气真好"，然后欢天喜地地下台。这"抽查"变成了"抽奖"，这一"抽奖"就变成全民期待了！会议的氛围随之变化，认真记录是每个人都愿意去做的事情了，开会后抽查是一件非常有趣的事情了。

其次是座位有规定。一般情况下，各个学校会把校长和学校领导的座位安排在第一排，以显示其重要性。而我们则是按照各个年级安排座位，每个年级组两排，方便年级组长点名；学校行政统一坐在靠近走廊的位置，方便进出，也方便管理每一位教师的会议听讲情况；而校长呢，则是坐在会场最后面最角落位置，既方便进出，有的时候也可以站起来看看大家的听讲状态。校长坐在后面，对老师来说既是一种无形的压力，也是一种无形的监督。

最后是内容有质量。如此严格的要求，如此规范的会议座位安排，如果会议内容的质量不高，势必会让教师产生反感。这就好比是一位教师不提高课堂教学质量，却总是责怪学生不认真听讲一样，这不是一个优秀教师该有的表现。所以我们努力提高会议的质量，做好PPT，尽量以图表和画面的形式呈现，做好小视频，尽量以动态的形式回顾工作的点点滴滴；明确每次会议时间在 40 分钟以内，如有会议超时需事先通知。老师们看到行政人员发言都是如此的精心准备，都是如此的高质量，都会感动、佩服。一个会议不仅仅传达了精神，落实了工作，更是在悄然之间形成了学校的文化。在互相尊重的前提下遵守规定，努力把有意义的事情做成有意思的事情，哪怕是极不舒服的管理也要努力让每一个人舒服地接受。

智慧点睛：

开会玩手机是现在的常态，无可厚非。如何通过一种方式，既能让老师们专心开会，又不会让他们产生抵触情绪呢？这需要一种管理智慧。这个故事中，校长通过"抽查"与"抽奖"的方式很好地解决了开会玩手机的问题。这种方式既关注了学校领导对开会秩序的需求，也照顾了教师的感受，是一种"两全"策略。

故事二十五　　校长要会"造东风"

　　我们学校的广播操做得实在是让人直摇头，按理说操场线条清晰，色块明显，队伍要排得整齐是再简单不过了。可是学生动作不到位，队伍不整齐，随意讲话，感觉就像是一群"残兵败将"。体育组在去年就提出要进行广播操比赛，不知为何，不了了之。我想，可能是还没有下定决心。今年，体育组再次提出要广播操比赛，其他行政部门要求也十分强烈，这事情就这么定了。

　　离广播操比赛只有半个月了，各班好像没有动起来的迹象。分管体育的副校长有点着急了，他首先在校集会上告知全体学生要进行广播操比赛，每一个同学都要参加，每一个同学都要努力练习为班级争光。然后在接下来的每一天体育组都对广播操进行点评，哪里做得不对，哪个动作没有到位，并进行示范讲解……这样比赛的氛围营造起来了。心急的班主任先行动了起来，布置体育家庭作业，每天早自习时候进行广播操个别过关，广播操的质量比原来明显提高。

　　离广播操比赛只有一天了，只要是校园里能够站下一个班级的地方，都有班级在练习广播操。班主任督阵、体育老师指导，吹哨的、示范的，不亦乐乎。我发现好几个班级是利用语文或者数学课的时间在练习，其实有的时候，停几节课，全班同学一起做某件事情，提升班级的精气神，增强班级的凝聚力，是一件事半功倍的事情。学习，不仅仅是上课，还应该包括活动，一种凝心聚力的活动。

为了体现这次比赛的重要性，我们特意为广播操比赛进行了一次进出场练习，仪式让全体同学从意识上更加重视。为了让裁判能够清楚地看到每一个同学的动作，总务处专门设置了一个裁判看台。体育组为了公平起见，特意让每个班级抽签确定位置，并用黄色的胶带纸在绿色的草皮上拉了6条长10米的线，把每个班级区分开来。这样每一个班级在排队的时候都有一个标尺，且保证了班与班之间的空隙相等。由于要进场和出场，体育组专门派了6位老师作为引导员，引导队伍进场和出场，并且在比赛前对这些老师进行了专题培训。事实证明，这些做法都是很有效的，把小事情做好，能够让每一个人感受到付出的努力得到了尊重。

比赛那天，天空湛蓝，风和日丽，各个班级都穿上了统一的服装，学业紧张的六年级还专门购买了班服，看来竞争已经十分激烈。我最高兴的是学生的那种精气神：队伍笔直，动作整齐，精神饱满，做广播操的感觉完全不一样了。比赛结束后，体育老师侧重于对动作标准做了点评，德育处侧重于对精气神（服装、状态）做了点评。活动以比较完美的呈现结束。

这一件事情，有几个启示。第一，校长要会"等东风"。不急于做某一件事，可以先放出"风"来，看看大家的反应是否激烈，让大家期待着某一件事的开始。这是一个思想逐渐统一的过程。第二，校长要会"借东风"。事情一旦确定，必须把事情做完美，考虑到任何小的细节，努力做到公平公正，努力做到让每一个人都有最美好的呈现，让每一位老师都觉得自己的辛苦付出得到了尊重。第三，校长要会"造东风"。一个学校最担心的是群体性懒惰，只要有一个人行动起来，就会有一群人行动起来。而要让一个人没有顾虑地行动起来，积极造势十分重要，像此次比赛前体育组每天做操点评，德育处及时关注跟进，校长每天参与到场，等等，在此过程中，要关注舆论的导向，让舆论始终朝着正向发展。

智慧点睛：

所谓"万事俱备，只欠东风"，学校管理中校长要做好"望风人"，等待好的时机，更需要抓住时机，因势而动，创造机会为教师和学生造好"东风"。

故事二十六　班主任调动风波

2017年8月下旬的一个晚上，我接到一位家长打来的电话。这位家长在电话中说："我是某某班的家委会委员，我们孩子的班主任老师调走了，学校为什么不通知一下，让家长们没有一点儿思想准备。"我感到很惊讶，我总觉得教师工作调动是学校内部的事情，为什么要通知家长呢？但我还是用非常平和的语气告诉这位家长，这位班主任是自己临时要求调走的。到目前为止，由于个别教师还未到位，所以学校还没有最终确定课务安排，在此时刻不适合告知家长。等学校公布课务后，新班主任会在第一时间跟家长做一个沟通。

家长听到我这样解释，不好再说什么，但又提出了新的请求："校长，能不能安排一个时间，让我们全班家长跟班主任先见一下面，好让我们放心。"我听了这话，心里有点不舒服。由于学校编制紧张，现在根本没有可以调换的老师。如果这些学生家长见了新班主任后还是不放心，那我们怎么办？在我们这样的区域，我们这样的师资，我们目前所处的情况，与家长心目中办人民满意的教育的距离又是多少？我备感无力，可是我又必须面对家长，怎么面对？我想了想说："是你们的孩子要跟班主任见一面，还是你们要跟班主任见一面？"家长焦急地说："是我们，我们要看看，不然我们放不下心来。"我随即反问她："我很想知道，是你们的孩子读书，还是你们读书？"家长一下子醒悟过来，似乎也觉得自己的请求有点过分。

我接着解释："我认为，你们包办了孩子的见面权，为什么不让你们的孩子去自己接触和感受一下新班主任，让他们告诉你新班主任是怎样的。毕竟，在学校读书的人是他们，而不是你们。再说，如果现在安排见面会，新班主任对孩子情况都不了解，那么聊的话题会很少，都会比较尴尬。每个老师都希望自己的学生取得好成绩，而你们这样做只会让班主任感到不被信任，产生巨大压力，说不定还会对你们有抵触情绪。这样对孩子的发展是不利的。当然你们的心情我可以理解，但目前学校已经做出安排，老师已经在做准备，能否让我们一起期待一下？"

家长听我讲得有道理，觉得自己的那些想法是着急了，这样会给班主任带来压力，家校沟通会有阴影，而且没有成效。但是她又觉得没有达到预期目标，心有不甘。于是我趁她思考的机会主动出击，向她提了两条建议，希望她传达给所有家长。第一，相信班主任。给班主任一个月左右的时间，在这个时间段，不管他做了什么事情家长都要认可，切不可在孩子面前评论班主任的是非。第二，积极配合班主任。家长要和孩子一起共同为班级的各项事务努力，让班主任感受到家长们的支持。最终这一轮风波以家长的感谢和道歉而结束。虽说事情暂时得到解决，但我的内心总不平静。

无独有偶，事发第二天，有位亲戚打电话给我，说有要事商量。原来是他的孩子的班主任调换了，家长们正在写联名信，要求把原来的班主任换回来。最后这位亲戚还十分气愤地说："换了班主任，学校都不通知一下。"显然对学校不告知更换班主任一事十分生气。我有点郁闷,为什么学校换班主任老师要告知全体家长,那如果家长不同意我们是不是不能换?虽说有点郁闷,但还是要跟他讲一下道理,我情急之下举了个例子:"你们医院有一个主治大夫调走了,医院需不需要通知病人呢?如果要告知,是什么时候告知的呢?"他有些不好意思地说:"那倒是的,那倒是的。不过,我觉得学校跟医院有点不一样……"想起前几天一个朋友质问我:"某某班老师换了,为什么不跟家长说一下?"当时我一肚子气,呛了她一句:"你们领导换了,组织部通知你了吗?"她被硬生生地噎住,但还是颇为无奈地说:"那不一样,那不一样的。"

接连发生的几件事情让我深有感触,虽然自己的巧辩暂时让家长、让亲戚有所理解,但似乎都没有得到他们内心的真正认同。我不由得思考:为什么家长会对学校调换班主任老师如此关注和敏感?为什么他们会觉得学校跟其他社会组织不一样?对比家长关于知情权的这种强烈诉求,我们学校的做法是否太保守了呢?

细细想来,虽然在风波之初,我有些情绪,但家长的请求也不无道理。如今随着我国法制普及水平的提升以及百姓权利意识的增强,各相关行政部门的决策越来越公开透明,而教育又是关乎所有家庭的民生工程,所以家长们理所当然地认为,对于更换班主任这样关系到学生切身利益的事情,学校应该事先告知他们。这种事先告知,是让家长作为学校治理的主体之一参与学校管理的具体表现,既是对家长知情权的尊重,更有利于家长与教师、学校之间的认同与合作,对学校、教师、学生、家长有一举几得之益。

但在什么时间，以怎样的方式告知？我认为，学校应在课务公开后第一时间告知家长。在具体告知方法上，我们强调要做到以下两点。一是以老带新，即由老班主任邀请新班主任进入班级 QQ 群或者微信群，告知自己离任的原因，然后推出新班主任，并预祝双方合作愉快。二是坦诚相见，新班主任会在群里介绍自己的工作经历、特长爱好、联系方式，并提出对新班级的期望和对孩子们的要求等。从实际情况来看，学校如果能站在家长角度设身处地地考虑问题，并且及时真诚地沟通，那么往往能够获取大多数家长的理解和认同。

教育无小事，细节皆文章。在一步步走向教育治理的前提下，学校管理该秉持何种立场与家长进行有效的沟通交流，则考验着一个校长的管理智慧。

智慧点睛：

现在家长的权利意识越来越高，随之而来家长对知情权的诉求也越来越高，似乎学校就应该事无巨细，任何变动都告知家长。事实上，这既是家长的知情权，也是学校的"隐私权"。学校如果能站在家长角度设身处地地考虑问题，并且及时真诚地沟通，往往能够获取大多数家长的理解和认同。

故事二十七　你是泰河学校"千里眼"吗？

这几年，"小眼镜"越来越多，小学差不多有一半学生都戴上了眼镜。虽然学校一直强调要认真做眼保健操，要爱护眼睛，要保护视力，可是收效甚微。看着不断升高的近视率我很着急，可是，我发现学生不着急，家长们也不着急。想起自己读小学的时候，觉得戴眼镜是一件很难为情的事情，所以我希望让学生感受到"视力好是一件很光荣的事情"，营造一种"我要保护视力"的氛围，从而激发起每一个孩子爱眼、护眼的行为。

我和我的团队商量了一下，看看有什么办法。他们说："评上三好学生有奖状，体育比赛获奖了有奖状，那视力好的同学是不是也可以让他们有一张奖状，有属于自己的荣誉呢？"是啊！好像大家从来都没有想过这个问题，能否给视力好的同学一张奖状，一个认可呢？我们能否开展一个好视力的评选活动呢？他们说："校长，我们索性开展一个评选泰河学校'千里眼'的活动吧，让评选上的同学感到自己十分厉害，像孙悟空一样厉害！"评选泰河学校"千里眼"，这个活动好。

一个星期后，大队辅导员告诉全体师生，我们要评选泰河学校"千里眼"了，评选上的同学不仅有一张奖状，而且学校还要为他拍照，把照片放在学校的宣传窗里一年。听到这个消息，学生们非常期待。在接下来的日子里，学生们做眼保健操不偷偷睁开眼了，下课主动望远了，平时不怎么爱吃的胡萝卜都吃完了……

一个月后，评选泰河学校"千里眼"活动开始了。首先，我们请来了专业的眼科检测机构对每个学生的视力进行了认真细致的检查，为每一个学生开出了相应的护眼处方，并发送给学生和家长。其次，我们选出一批双眼视力都在 5.2 及以上的学生，在再次进行检测的基础上，最终评选出了 12 名双眼视力都在 5.3 的学生，授予泰河学校首届"千里眼"称号，双眼视力在 5.2 的学生授予泰河学校"百里眼"称号。在周一的校集会上，我亲自为"百里眼"和"千里眼"学生颁发奖状，邀请荣获"千里眼"称号的同学分享自己护眼的经验，最后还告诉全体学生，所有获得"千里眼"称号的学生要拍照留影，他们的照片要在学校大厅里展示一年。

校集会结束了，"千里眼"们无比自豪，用老师们的话来说，"那个自信啊，就差横着进教室了……"

小龙说："我从来没有想到我能评上'千里眼'。现在同学们都不叫我名字了，看到我就叫'千里眼'，他们都非常羡慕我，都跑过来问我怎样才能拥有好视力。"

小晴骄傲地说："哈哈，我是'千里眼'！其实我的秘诀就是运动，每天坚持锻炼一个小时，而且一定要在室外。我长大后想去当飞行员，开战斗机保卫祖国。"

…………

评选泰河学校"千里眼"活动也给家长们带来了很多触动。

小龙的母亲说："这是孩子带回家的第一张奖状，他一回到家就迫不及待地给我看，看着孩子这么开心，我高兴极了，内心激动得不行。没想到学校会开展这样的评选。我一些朋友也都纷纷向我取经，这事情真是太让我们激动了，现在他对学习的态度比以前积极主动多了。"

活动带来的效应出乎我们的意料。我们没想到学生会如此渴望自己成为"千里眼"，更没有想到评上"千里眼"会给孩子如此大的自信，让他对学校对未来的人生充满动力。真的是多一把尺子，多一个舞台，多一批好学生。

评选泰河学校"千里眼"活动开展后，我们也采取了一系列保护学生视力的措施：确保每天一小时室外运动锻炼时间，更换教室老旧投影仪，开展朗读、书写姿势过关，设立"小小护眼岗"提醒学生做好眼保健操，定期轮换学生座位，开展护眼行动家长空中课堂等，以此培养学生健康用眼的习惯，努力降低学生近视率。

一年过去了，新的一届泰河学校"千里眼"又要开始评选了。教育局最新的统计数据显示，我校学生的近视率比去年降低了4%，听到这个好消息，我们都非常高兴。评选"千里眼"唤起了学生拥有好视力的自豪感，从而让学校一系列保护学生视力的措施得以顺利推进。一件好事情要做好，内心是否真正认同十分关键。我想这就是"意识决定行动"吧！

智慧点睛：

"千里眼"活动彰显了校长通过营造学校氛围来促进学生发展的教育领导智慧。该项活动的突出优势是"名字取得好"。通过孙悟空的"千里眼"这一能够为儿童所喜爱和接受的话语表达，成功将"保护眼睛"这一主题输入小学生的自我意识中，并通过专业人员的参与，使学生从小学阶段就学会科学护眼，养成科学用眼的好习惯。

第五章
物以载道，让文化凝聚人心

　　校园文化是学校的气质名片，它能够准确反映出学校的整体精神风貌，彰显学校的个性。文化不是一个具象的东西，它不像建筑那样可以直观地展现其功能，但是当我们走进一所学校时，我们一定能够感受到它。学校的整体设计，建筑的风格，空间的布局等都在形塑着一所学校的独特文化，潜移默化地影响着学校生活的一切。

　　本章所选择的8个故事都是从"物以载道"的角度阐释校长如何通过"物的改造"实现"文化的引领"。

　　首先，物的改造要从所服务的对象的特点和需要出发。比如，《一条开满鲜花的小路》《校庆和生日蛋糕》和《学校绿地变身记》三个故事都是从学生的角度出发进行的设计，把校庆和给学校妈妈过生日联系起来，使学生能够很好地理解校庆这一活动的意义，生日蛋糕环节符合学生心中的期待，也使学生和学校的情感连接更加紧密，蛋糕这一物品所承载的文化价值就在不知不觉中扎根学生心底。《一条开满鲜花的小路》也是从学生的视角，将美丽的鲜花栽在道路两旁，让学生在开心玩耍的同时感受美。而《茶艺风格的教研活动室》则是从教师的需要出发，给教师们一个既放松又雅致的茶艺教研活动室，很好地满足了教师群体对于工作环境的需要，曾经枯燥的研讨变成了具有茶话会性质的参与座谈，这一物理空间的改变最终带来了整个校园文化的改变。

其次，物的改造与设计要能够对人产生实质性的影响，要能够凝聚人心，而不是只停留在假大空的形式主义上。例如，《穿校服撞上愚人节》通过多样化班服的形式，以服饰所具有的符号价值，传递集体合作意识和班级共同体意识，从而形成具有凝聚力的集体文化。《才艺大赛和小龙虾》则是通过富有新鲜感的激励机制，激发年轻教师的参与热情，借助活动项目给教师一个展示自我和增进合作的平台。《图书馆命名记》是通过邀请众人参与图书馆的命名和挖掘校史中的精神文化要素来增强学校凝聚力的故事。

《校史文化传承的思与行》论证了空间的改变能够带动师生情绪的改变，师生情绪的改变会带来学习氛围的改变，学习氛围的改变最终会影响教学效果，进而影响学校整体的文化。所以说，空间自有它的效力，"物的改造"一样可以实现"文化的引领"。

故事二十八　茶艺风格的教研活动室

　　学校行政楼南北两边各有很多房间，但由于中间是走廊，所以北边的房间光线和通风都不好。南面用作行政办公室，北边是语文、数学、综合教研活动室。老师们似乎不太喜欢去教研活动室，说是不方便，但私下里听说是那里的布置太古板太压抑。如今来了新校长，老师们期待着有一些变化。"校长，我们布置成茶室风格吧！既可以做学生的茶艺教室，也可以做教职工的工会之家，还可以做老师们的教研活动室。我有茶艺师资格证书，这个房间我来负责布置吧。"说这话的是德育处副主任石老师。

　　石老师的工作效率可谓神速，短短一个星期，就改造出了一个温馨的茶室。她请了一帮人把会议桌挪了出去，把所有的沙发全部靠墙摆放，窗帘换成典雅的竹帘，四周挂上老师们的书画作品，原来的书柜留下两组，摆放教师们爱看的书籍并配以下垂的绿植，新购入两张博古架用以摆放茶具和茶叶，新订购十张小茶桌和凳子，用来茶艺授课。恰好一个朋友送了我一套实木茶桌，摆放在茶艺教室十分合适。看到如此清丽雅致的环境，老师们奔走相告，今天他来看看，明天你来瞧瞧，一些茶艺爱好者更是欣喜，他们把自己珍藏的茶叶、茶具、茶壶存放在这里，边喝茶边聊课，边喝茶边解决问题。石老师呢，每天上班的第一件事情就是来到茶艺教室，打开门窗，打扫卫生，在那里环视一周，微微一笑，然后再去教室。其他老师呢，自发地把一些研讨活动放在茶艺教室，在那里，哪怕是不喝茶，看着满眼的绿植，雅致的布置，坐在这样的环境里聊课谈工作也是享受。学校的领导班子，如果会议以研讨为主，则会把地点放在茶艺教室，气氛轻松愉悦，大家畅所欲言；如果会议内容比较严肃，则会把会议地点放在会议室，高效解决，重在执行。

渐渐地，越来越多的人知道了我们学校有一间茶艺风格的研讨室。教研员们喜欢把一些小型的研讨活动放在我们学校，于是我们就有了很多蹭课学习的机会。区里的学科骨干们喜欢来我们学校开展教研活动，因为研讨可以放在茶艺教室里，于是我们的教师有了很多和专家面对面交流的机会。因为有了一个茶艺风格的会议室，我们有了一个高位的教师发展平台；因为有了一个茶艺研讨室，我们有了一个宽松聊工作的空间。

其实，几乎全部的知识劳动都是带有情绪的劳动，情绪和决策如影随形，人所有的决策，都是情绪参与的结果。一间茶艺教室的魅力到底在哪里？那就是学校为大家创造了一个看起来不那么严肃的教学活动场所，在那个相对放松的场域里，紧绷的神经得以放松，紧张的节奏略微放慢，而在这样的空间中，心灵得到小憩，思维更加飘逸，争鸣更加自由。

空间自有它的效力。

智慧点睛：

　　空间美学是一门艺术，美好的空间布置能影响教师的工作动力、情绪状态。茶艺风格的教研室，能美化学校的校园环境，能提高教师教研工作的积极性，进而营造积极向上的学校整体文化。

故事二十九　学校绿地变身记

学校占地 26000 平方米，有三个小花园，可是学生似乎对这些草坪、花园并不是很感兴趣。一次，我带女儿外出，发现她对果园的喜欢远远超过了花园，我突然意识到：儿童的天性使他们更喜欢可以动手参与、亲身体验的互动环境，而草地对他们来说仅仅是一种摆设，一个没有新奇感的物品而已。我们不是见过儿童可以在一堆沙子边上玩上一整天也不亦乐乎的场景吗？学校的绿地也是一门课程，为什么不让学校的绿地和学生互动起来，让他们动手参与、亲身体验，让他们在与植物对话的过程中感受自然的变化、科学的奥秘、学校的可爱呢？于是我们开始了学校绿地的变身行动。

变身行动一：绿地变成果园

我们开始动手在一块 600 平方米的草地上种上各种果树，有橘子、柿子、杨梅、黄花梨、樱桃、酸橙、枇杷、金柑、水蜜桃等几十个品种。5 月初樱桃红透了，6 月初杨梅和枇杷成熟了，7 月桃子可以采摘了，8 月黄花梨收获了，10 月，金色的橘子压弯了枝条，11 月，火红的柿子挂满枝头。喜欢往果园跑的学生越来越多，他们细细地观察，欣喜地等待。他们第一次看到枇杷原来是在冬天开花的，橘子小的时候原来是绿色的，挂在树上的柿子是硬硬的，樱桃从开花到收获只需要短短的一个半月时间。学校每月评选一次"校园文明小使者"，当选者得到的奖励是到果园里采摘一个水果。对学生来说，这是最值得期待的奖励，最让他欣喜若狂的奖励！

今年我们又对果园进行了改建，增加了休闲长廊，栽下葡萄和猕猴桃等藤蔓类水果，学生可以在葡萄架下看书、玩耍。我们在果园里新建了一个"谢师亭"、一个"听雨轩"，鹅卵石铺成的小道在果园中穿行，学生们亲身经历水果的成长过程，教师在果树丛中和学生们开展综合实践活动，甚至连很多幼儿园的家长都慕名而来，希望能够经常带孩子参观学校的果园。

变身行动二：花园变成菜园

果园提供给学生更多的是观察和欣喜，但是从动手参与的角度来说还是不够的，怎么办？一个花园变成了果园，总不能把另外的两个花园变成菜园吧，每一种植物都有它的价值呀！有了！我们用木栅栏在每个花园外面围了一个长100米、宽50米的花坛，每个班级认领一块菜地，种上花菜、番茄、黄瓜、茄子、芹菜等蔬菜，也可以栽种西瓜、甜瓜等水果，学校另外在花园里辟了一个角落，栽种科学课需要的桑树和凤仙花，满足学生探究的需求。小小的一个菜园，激起了学生无限的兴趣，连班主任的也高兴不已。他们说，终于有一块空间，可以让他们动手，看到植物生长的过程，品尝自己和学生辛勤劳动后甜蜜的收获。

变身行动三：绿化从外包到自己养护

我们学校参观接待任务较多，学校的绿化要求较高，为此学校把绿化承包给了一家专业公司，一年四季提供各种盆景和花卉。几年下来，钱花了不少，可是却没有一盆花是属于我们的，既然学生们喜欢动手参与，何不由我们自己对原来承包给公司的绿化进行养护呢？在总务主任的倡议下，学校成立了一个园艺养护社团，招收了32个"小花工"，他们在每天的社团活动时间忙着给花儿浇水、施肥、修枝、整叶、换盆，学校也专门为这个社团新建了一个50平方米的阳光房，作为他们的活动基地。每个班级也开始自己栽种花卉，聘请园艺社团的学生担任技术指导，遇到花卉"病危"时可以送到"阳光花卉住院部"进行治疗。在他们的努力下，学校的花卉增加到了现在的2000多盆。懂得花卉养护和喜爱花卉的学生越来越多，每个班级绿意盎然，学生们把对花卉的喜爱延伸到了小动物，每个班级都养殖了各种小动物，有小鱼儿、泥鳅、螺蛳、小蜗牛、蚕宝宝等，下课时经常可以看到学生们围在这些小动物旁细细地观察、开心地讨论。

我们把绿地作为一门探究性的课程来开发，不在乎绿地是否美观，在乎的是学生是否真情投入、探索参与。在实践中，学生与大自然零距离接触，不仅仅收获了成功的喜悦，更是亲身经历了动植物生长过程的细微变化，学校的一景一物都与他有对话有交流，他们在与动植物对话的过程中感受自然的变化、科学的奥秘、学校的可爱，他们的心灵更加健康、更加阳光，更有责任感。

智慧点睛：

　　校园中的绿地常常不起眼，很容易被管理者忽视。本文中的校长将绿地变成了果园、花园，将外包的绿地变成自主承包的劳作空间。这是一种校园资源的综合利用，也是一种校园文化的创生。

故事三十　图书馆命名记

　　学校一楼图书馆快要竣工了，设计师让我给图书馆取个名字。这下我才想起来，只顾着"生孩子"，忘记给"孩子"取名了。

　　取个什么名字呢？我们学校的老师是很有智慧的，听听他们的意见吧！有的说，学生们很喜欢校园吉祥物"蔚蔚"，叫"蔚蔚书房"吧！这真是个不错的名字。也有的说，我们学校前面的山叫鹰山，图书馆面向鹰山，要么叫"鹰山书斋"吧，希望我们的孩子如雄鹰般搏击长空。这也是个不错的名字！我呢，想有一个诗意的名字：我们的校园里满是栀子花，孩子们在图书馆阅读的时候正闻着栀子花香味，叫"栀子书斋"也不错哦！我正想着全校老师碰撞出一个诗意和厚重并举的名字，刚好碰到一个在小港工作过的领导，跟他聊起此事。他提出，蔚斗是一所有着深厚历史底蕴的学校，所取的名字要有底蕴，要有特色。我脑海中一下子蹦出"养正学堂"这个名字，并向他介绍了为什么取名为"养正学堂"，他非常认同。

　　在杭州学习期间，我到老校长家中拜访，征求他的建议，没想到他十分高兴，说他正有扩大蔚斗校史外延的想法，但是担心蔚斗小学校友会的老同志可能会不同意。回来后，我一边到北仑图书馆查阅民国初年的《镇海县志》，寻找关于"养正学堂"的记载，一边汇报我们的想法。领导十分支持，答应会做好校友会老同志的工作，并会帮助联系小港李家的后代。一个月后我再次到杭州，听取老校长的建议。他提出可否改为"养正书斋"，这样可能更为适合，我觉得很有道理。每一次当有一个新的名字被谈及的时候，我都会通过各种途径跟老师们沟通，特别是老校长的几次建议，我更是第一时间就告知我们学校的老师们，所以，学校图书馆命名为"养正书斋"，老师们很容易，也很乐意地就接受了。

那么，为什么要取名为"养正书斋"呢？简单说来有这么几个考虑。

1. 承认历史现实

新中国成立后，养正小学校、伏波小学并入蔚斗小学，更名为长山区中心小学，后几易其名，1987年，复名为"北仑区蔚斗小学"。80年代蔚斗小学的校址就是原养正小学校旧址，因此，把蔚斗小学的图书馆命名为"养正书斋"是承认历史。

2. 拓展校史外延

养正小学校为小港李家私塾，创办于1885年至1910年间，是养正义庄的一部分。养正义庄在小港共办了三所小学，凡是李氏子弟上学一律免费，外姓孩子如家境贫寒也给予免费待遇，光绪《镇海县志》中刊有"浙东名人俞樾记养正义庄"。因此，用"养正"一词有利于蔚斗校史外延的扩展，同时也使养正小学校毕业生的后人有了一个寻根之地。

3. 基于现实的需求

"养正"出自《周易·蒙卦第四》："蒙以养正，圣功也。"意思是从小就要施以正确的教育，这是圣人的成功之路。蔚斗的校歌中有"深功从蒙养"也是此意。我们为图书馆取名"养正"是希望重拾经典，传承经典，做一个真正有根的中国人。

　　接下来要做的工作还有很多，我们需要考证养正小学校确切的创办时间，我们需要挖掘养正小学校的校史，我们需要整理小港李家和蔚斗小学关联的资料，丰厚拓展蔚斗的校史。我们需要把养正小学校的青砖和石板搬迁到养正书斋中，实现历史与现实的对接，我们更需要传承中华民族的优秀文化，让每一个孩子"蒙以养正"，在培养孩子纯正无邪的过程中实现教师的"圣功"。

智慧点睛：

　　"名不正，则言不顺"，取名看似一件小事，却意义深远。将学校的图书馆名字与学校的历史相联系，其本身寓意深远。取名是一种艺术，也是一种教育的方式。

故事三十一　一条开满鲜花的小路

一天中午，有个学生非常欣喜地告诉我："校长，校长，你知道吗？我们的校园里有一条开满鲜花的小路，很美的。""真的吗？""我带你去，我带你去！"一大群学生争先恐后地带着我去看看这条开满鲜花的小路。

其实，这条开满鲜花的小路很普通，只是在鹅卵石路两旁种了一些金盏菊，橘红的、橙黄的，甚是亮丽；小路不长，大概只有十几米，弯弯曲曲，两旁是亭亭翠竹、烂漫樱花。自从上午这条小路开始种金盏菊，学生们就有事没事往这里跑：数一数种了几棵，看一看种到了哪里，问一问工人"这叫什么花"。到了下午放学，几乎全校的学生都要往这条路上去走一走，一个个满怀欣喜，笑靥如花。老师们在那里拍照留影，发朋友圈秀一秀。第二天有老师跟我提议："校长，我们教室前面的那条小路也种上鲜花吧，那么漂亮，心情好。"种花的工人跟我说："校长，把这几条小路都种上花吧，那么漂亮，大家都喜欢呢。"于是，校园里有了第二条、第三条、第四条开满鲜花的小路，学生们有的在阳台上欣赏，有的在花丛中奔跑……

这样一条在其他地方随处可见的开满鲜花的小径，为什么在我们的校园里有这么大的反响？吴冠中曾说："中国的文盲不多了，但美盲很多。"现在很多人的生活中缺的不是物质，也不是文化，而是审美。那么美是什么？美在哪里？如何感知、体验美？一条开满鲜花的小路，是每一个人都喜欢的美好事物，它能让人心情愉悦，让人满怀激情，让人自觉文明。我们原来是一所九年一贯制学校，刚刚转制成小学，我们学校目前的色彩是成熟的、暗淡的，或者说有点混乱的。学生们呢，不知道问题在哪里，只是觉得这个校园色彩不可爱、不亲切、不温暖。我们能否立足儿童视角，创设温馨亲切的校园文化，打造一个令人愿意驻足的无处不体现"美感"的校园环境，让学生在"美"的熏陶浸润之下，建立对"美"的认知？

我们首先成立了一个学校文化创意中心，邀请了一批有志于校园环境设计并对学校历史文化有一定了解的教师成为中心会员。我们开设了校长信箱，让学生们来说说"你喜欢的校园是怎样的"，学生们纷纷给我写信，描绘着他们心目中的校园。我们倾听教师的心声，让教师们说一说"你喜欢的校园是怎样的""你觉得校园中的哪一些景点设施需要改变"。在倾听师生们意见的基础上，学校文化中心团队确定了学校的主色调，并根据主色调设计了橙、白、蓝三色拼接的窗帘；铲除了黑色的标语，更换为橙、白、蓝三色为主调的卡通字体和形象；把原先塞满杂物的角落清理干净，铺上地毯，放上沙发和书架，打造成一个个温馨舒适的休闲吧。春节前夕，全校师生一起做灯笼，写对联，然后把大红灯笼挂在了校园的各个角落，把红红的春联贴在了一扇扇门上。学校的色彩亮丽起来，师生的心情明朗起来，学校的文化多彩起来。我们在校园里种上学生们票选产生的"最喜欢的果树"，养殖学生们最喜欢的小动物；而一条条开满鲜花的小路是我们"畅享春天"绿植活动的开始……

美育以恢复和发展人的感性为任务，具体来说，美育是用情感体验的方式培养人的审美能力、审美意识，以促成人性的完满，也就是人的全面发展。一条开满鲜花的小路之所以受到追捧，是因为我们从师生审美需要出发，给予人美的启迪、美的熏陶、美的教育。校长在共同打造美丽校园的过程中凝聚人心，呈现一个学校特有的力量。

智慧点睛：

　　"一条开满鲜花的小路"对于成人来说再简单不过，对于一个孩子来说却是一个新奇的世界。教育就是要启发孩子的这种由好奇、喜悦带来的幸福感，在孩子成长的道路上不断激发新的生长点，让美育自然发生。

故事三十二　校庆和生日蛋糕

随着 2017 年的临近，一件令我十分头疼的事情渐渐逼近了眼前——蔚斗小学 90 周年校庆典礼。听说某个学校因为筹办校庆典礼，全校上上下下整整忙了 3 个月，校长整整瘦了一圈，等典礼结束，行政班子都累倒了。难道校庆一定要搞得这么累吗？校庆一定要请领导到场吗？校庆一定要这么大的排场吗？我在心里不停地问自己。能不能举行一个简单朴素又有意义的典礼，让每一位师生留下深刻的记忆，形成学校独特的文化？日子一天天地逼近，我内心的焦虑一天天增加。

走在回家的路上，只听得一个小孩跟她妈妈说："妈妈，明天是奶奶生日，我们给她买一个蛋糕吧。"我一听，大喜过望，什么是校庆？校庆在学生的眼里不就是学校妈妈过生日吗！我们为什么不让这个校庆典礼来得亲民一点，不让学校这个形象儿童化一点？我们的学校 90 岁了，要过生日了，过生日要干什么？当然要吃生日蛋糕、吃长寿面！我很为自己的想法得意，急忙打电话和几个行政班子商量，他们一个个都十分赞同我的天真且可爱的想法。于是，校庆典礼最高潮部分决定是全校师生共同为母校唱生日歌、吃生日蛋糕。考虑到 5 月下旬天气已是比较炎热，学校又没有容纳全校师生的大型室内场地，我们不想大热天让学生在骄阳烈日下几个小时，于是校庆典礼的时间确定为 40 分钟，从上午 8 点开始，共分为 3 个篇章：颂蔚斗、寻密码、共祝福。

校庆那天，阳光特别灿烂，天空湛蓝湛蓝。青年教师用激情飞扬的《蔚斗颂》为我们拉开了校庆的篇章，五年级的同学用声情并茂的演讲表达着蔚斗学子的自豪和梦想，舞蹈队用曼妙的舞姿表达着对母校过生日的欣喜，合唱队则用《想你的365天》表达着对母校每一个季节里360度深深的爱恋。"颂蔚斗"篇章激起了每一位教师对学校无限的爱恋，激起了全体师生满满的自豪感。校庆典礼进入了"用密码寻校友"环节：通过赠送给每一个学生一本《浃水泱泱》，传递蔚斗密码，寻找蔚斗校友，表达母校对毕业学子的呼唤和牵挂。我们也希望通过"用密码寻校友"告诉蔚斗毕业的学子：蔚斗90岁了。

最期待的时刻到了，只听得"浃水泱泱，蔚斗煌煌"校歌响起，36个蛋糕从冷藏车中送出，缓缓地推到每个班级前面，班长和班主任为蛋糕插上9支蜡烛；音乐响起，在全体师生的掌声和歌声中，一个超级大的5层蛋糕在花童的陪伴下缓缓入场，我和学生代表一起点上9支蜡烛，师生共同许愿，共同吹灭蜡烛，全场爆发出雷鸣般的掌声和欢呼声。我看到，老教师的脸上流下了激动的泪水，从蔚斗毕业的教师更是泪流满面，学生们的脸上满是兴奋和期待的光芒。全校师生一起切蛋糕、分蛋糕，吃蛋糕。中午的时候，学校食堂里还专门准备了面条，每一个班主任老师跟学生们说：今天是学校妈妈90岁的生日，我们不仅要吃蛋糕，我们还要吃长寿面，祝愿我们的学校越来越好。

这一天，每一个学生都很高兴，每一个老师都很高兴，蔚斗小学90周年校庆请学生吃蛋糕刷爆了朋友圈，引发了家长的无数点赞。这个校庆典礼，我们用学生喜欢的方式为母校祝福，通过吃蛋糕这个环节，拉近了 90 周岁的学校和学生心中的距离。"点上 9 支蜡烛，在合唱队的带领下共同为母校唱响生日歌和校歌"成为最感人的画面，一个我们永远都不会忘记的瞬间定格。

智慧点睛：

  校园文化建设要"目中有人"，要始终意识到，文化的焦点是"人"，而不是"物"或"事"，要关注"物"或"事"之于人的"意义"。同时我们一定要考虑到是"当下之人"与"现实之人"。尽管学校文化的形成与过去的积淀有关，但它主要是当前学校成员情况的反映。校园文化建设要"目中有现物，物中是新人"。

故事三十三　穿校服撞上愚人节

今天是 4 月 1 日，西方的愚人节。在西方，人们以各种方式互相欺骗和捉弄，往往在玩笑的最后才揭穿并宣告被捉弄对象为"愚人"。一早出门的时候，家人提醒我："万一今天有人跟你开玩笑，可不要当真哦！"

这周是我值周，按规定，值周教师需要每天对学生纪律方面存在的问题进行点评。做广播操的时候，我发现六年级学生十分散漫，交头接耳，有气无力，甚至有几个学生嘻嘻哈哈笑成一团。几个教师斜着眼望着几个女生："你看，穿成这个样子，这还是学生应有的打扮吗？"我顺着他们的视线望去，只见几个女生穿着十分时尚，一边做操，一边忸怩作态，仔细一看，每个班级情况差不多，都有几个穿着打扮比较潮、比较成熟的学生。我是一个急性子，等做操一结束，就飞一样地上了司令台做值周点评，我非常严肃地跟全体学生说："我们做操就要有做操的样子，把每一个动作做到位是你身体的需要，也是你未来成长的需要，做操要有精气神，展现少年的风采，展现青春的亮丽，而不是看过去像一群游兵散将。考虑六年级即将进入初中，为了更好地和初中接轨，从下一届六年级起，每天穿校服，今年的六年级可以和毕业典礼结合，每天穿班服。"台下的六年级和五年级一片哗然。六年级是庆幸自己不用穿校服，可以用班服代替；五年级是郁闷自己刚好是那个每天要穿校服的群体。我也没料到自己会做出这样的规定，说出这样的话，听到学生一片哗然才意识到自己太激动了，心中不免懊悔。没想到这个建议让五、六年级的老师齐声叫好。班主任说，是应该这样，给六年级的学生念念紧箍咒，让他们意识到"我长大了，所以对我的要求是全校最高的，我要做好榜样"。

  下午，有一位老师来找我："校长，你说的是真的吗？五年级的学生说，今天是愚人节，校长很时尚，跟他们开愚人节的玩笑呢。"我知道，五年级的学生知道校长讲的是真的，但内心多么希望这是一个愚人节的玩笑，他们不喜欢穿校服。仔细一想，这事情还真有点悬，做操的时候不是所有的老师都在，我这一宣布，不见得所有的人都知道，而且大家也不一定明白为什么要这样做，这必须要在学校的全体教师会议中跟老师们说一说。当天下午，我召集了行政班子会议，为自己的冲动道歉，并诚恳地请他们思考，我这个建议有无必要，是否可以执行。副校长批评了我的冲动，但是他们认为，这个建议是对的、需要的、及时的，行政班子一致通过了穿校服的建议，并且提出需要一并解决的几个问题。

  一周后的全体教师会议上，我首先为自己的冲动向老师们诚恳地道歉，感谢老师们的宽容真诚。随后我向老师们宣布了行政会议通过的穿校服决定，并向老师们解释了为什么要穿校服。我说："4月1日那天我提议'下一届六年级天天穿校服'，学生以为校长很时尚，跟他们开了一个愚人节的玩笑。那天是愚人节，但是我不愚人。学生不喜欢穿校服，说明我们的校服不好看，我们可以改。这几年，对于毕业年级的管理问题我们想过很多办法，比如，毕业课程就是很重要的一项活动。但是，我们有没有发现，我们必须要考虑到人性的两面。例如，我们大家都知道醉酒驾驶不好，要出人命的，但就是这么严峻的现实，开车不喝酒还是在严苛的法律下才真正实现的。所以，任何事情我们不能够太理想化，毕业课程是引导，但是必要的约束还是要有的，我们五、六年级的老师把它称为'紧箍咒'。这个紧箍咒是什么？暂且把它看作穿校服。六年级第二学期要做的很重要的事情是中小衔接，初中天天穿校服，我们六年级能否也这样，让学生时时刻刻意识到自己已经六年级了，在穿着打扮上要像个学生。今年，我们毕业班级家长会将邀请初三的老师、初一的班主任来讲一讲，小学生读初中后有哪些不适应，他们希望初一的学生是怎样的，他们希望家长们做好哪一些准备工作。我们还准备邀请高一的学生来为六年级的学生讲讲初中的生活，讲讲他们眼里的小学是怎样的，他们希望学弟学妹们怎样做。我想，一个学校不同的年级需要不同的管理方式方法，我们需要针对不同的年级研究不同的教育方案。"

5月1日起，六年级的每一个学生穿上了班服，一个班级一种款式，一个班级一种风采，学生们似乎十分享受与众不同的班服，班主任们似乎也十分享受干净整齐的班级服装风采，其他年级的学生十分羡慕地望着六年级的哥哥姐姐们穿着漂亮的班服。看来事情并没有如预料中的糟糕，学生们、家长们、教师们各有各的理由，但是一个个都很认同穿统一的服装。说来也真是奇怪，穿上班服后，六年级的学生个个都十分精神，散漫的现象自然消失了，班级的凝聚力明显增强。服装统一真的会有这么神奇的效果？我们一阵欣喜，快马加鞭调整校服款式，我们根据师生的建议设计了若干个款式，让全校学生网上投票选择，根据得票的情况确定了新款校服。

新的一个学期开始了，新六年级的学生每一天都穿着校服，精神饱满，意气风发。小小的一件校服真的会有这么神奇的效果？从实际的效果来看的确是的。穿上统一的校服使学生在身份上区别于其他年级，有了一种隐形的约束力，对学生有规范行为的功能。从学校层面来说，统一着装对校园文化建设起到促进作用，有利于培养学生的自信心、树立良好的精神状态，培养学生的团队意识。对六年级的孩子来说，校服可以产生一种平等感，避免攀比之风盛行，这些有利于学生建立正确的价值观。

愚人节穿校服的风波这样就过去了，愚人节不愚人，六年级穿校服，大概这会在学生的心里留下深刻的印象。

智慧点睛：

校长在愚人节当天宣布五、六年级必须穿校服，这样的决定得不得人心，该不该执行？如何推进下去，这是考验校长领导智慧的事情。文中的校长通过会议讨论，校服样式的修改，妥善处理了这样一起校园公共危机事件。

故事三十四　才艺大赛和小龙虾

北仑区为积极推进"青年北仑"的建设，要开展青年教职工才艺大赛。作为校长，我十分乐意我校的青年教师能够借此机会一展风采，可是他们到底愿不愿意参加，分管校长心里很没有底。于是他把这则通知上传到了青禾学社群里，看看这帮小年轻有何反应。

过了几天，我发现群里没有任何的响动，也没人找我提起此事。这群家伙到底是怎么想的？竟连一个报名的人都没有！正当我想找分管副校长商量时，这群年轻人却跑来找我，原来这群人背后早已暗自"抱团"，他们文会泼墨，武会太极，静能听琴，动能剪纸……可是派谁去参加比赛拿不定主意。"干脆把这些才艺都放进节目组成一个情景剧不就好了嘛！"我说。"对啊！我们怎么就没想到呢？可是拿什么把这些才艺都串起来呢？我们是不是应该确定一个主题？"我的话音刚落，他们又开始你一言我一语地讨论开来。很快，他们就想出了一套方案：节目以展现"中国风"为主题，融合书法、国画、太极、剪纸、茶道、速写、古诗吟唱等元素，旨在通过对经典的演绎，传承弘扬中华优秀传统文化。

"校长，如果我们得了大奖，你会请我们吃小龙虾吗？"一个年轻人调皮地说。"可以啊，我等着请你们吃小龙虾。""耶！耶！耶！加油，我们要吃校长的小龙虾！"

为了不影响教学工作，他们选择在下班后进行比赛前的彩排练习。每个人准时到位，并用手机将彩排的过程录下来，训练结束后一起观看录像找问题，与前日之视频进行比较，他们说"要日日保持成就感，时时追求极致感"。为了获得更好的效果，他们请音乐组指导舞台站位和入场礼仪，请茶艺师传授泡茶技艺，请太极师傅辅导起承转合……各方力量的汇集，让青年教师们充满了信心和斗志。比赛当天上午，这些青年教师还继续奋战在上课第一线，下午立刻换上服装带上道具奔向比赛场地。我完全有信心，我们的青年教师一定会以最饱满的姿态展现学校的风采：茶叶在沸水不断地冲击碰撞中几浮几沉，笔墨在宣纸上舞动，万物在指尖生长，琵琶曲调如行云流水……一个融合了茶艺、书法、剪纸、太极、速写、朗诵、琵琶弹奏等元素的中国风节目，观者一定会被深深吸引。最终，我校在全区选送的近 30 个节目中获得了第二名。

得知好消息后，我立马在群里发了一条信息："请大家吃小龙虾。"瞬间群里就炸开了锅。当天下班时，青年教师们每人都收到了一份小龙虾。他们个个乐开了花，纷纷拍照发朋友圈炫耀："这是我们校长请客的小龙虾！""校长请客的小龙虾就是美味……""你们吃到过校长请客的小龙虾吗？"一时间我竟成了大家口中的那个"别人家的校长"，学校的老师们之间的问好改成了："加油，努力，争取让校长请客吃小龙虾！"

赛后，这群青年教师纷纷发表获奖感言："我们节目的成功完全取决于团队的力量。""我们在人数上完全可以碾压其他学校……""我终于知道，没有最强的个人，只有最强的团队。"

"一个人可以走得很快，但一群人可以走得很远。"一场才艺大赛把这群有活力、有思想、有执行力的青年教师聚集在一起，发挥这群人最大的能量；小龙虾的出现就像是给这场比赛增添了灿烂的点缀，成为一个学校特殊时期的共同话语。

智慧点睛：

  青年教师以其开阔的视野和创造性的思维造就着他们独一无二的特长，如何发挥青年教师特长多样性的特点，需要校长的智慧。一棵植物独自生长时，往往长势不旺，甚至衰落凋零，而众多植物生长在一起时，却长得高大挺拔，郁郁葱葱，这就是植物的"共生效应"。同理，在促进青年教师发展时，我们也应遵循这个效应。

故事三十五　校史文化传承的思与行

　　隐性课程主要是指学校教育中除了正规课程以外的，对学生产生影响的其他课程。它是以一种间接的、暗示的、无意识的方式，长期地影响学生情感、调整学生行为、激发学生积极性和创造力，其中蕴含着重要的教育功能。校史是对一所学校发展轨迹的真实记录，是学校办学特色和学校精神的重要体现，是重要的隐性课程。蔚斗小学通过打造校史隐性课程，开展"蔚斗烙印研学之旅"，让学生在真实情境体验中建塑品德、养育心智。

一、以物载道，让旧物展校史育德魅力

　　蔚斗小学创办于1927年，前身可追溯到创办于十九世纪末的私立养正小学校。1938年中共镇海县地下工委在蔚斗小学成立。学校旧址是宁波市爱国主义教育基地、浙江省党史教育基地。

　　在学校文化创建的过程中，我们将浓厚的校史视为珍贵的教育资源，通过在"老"建筑中视景知史，让"老"物件来视景说史，唱"老"校歌来视景温史，以物载道，以物说史，目的就是以这些带有蔚斗小学历史印记的文化为发端，激励全校师生对校史文化进行探寻，从而更深刻地理解学校的文化内涵。

1. 在"老"建筑中视景知史

建筑与文化是息息相关的，它以一种凝固的美来诠释一座城市的文化。学校建筑是校园文化不断积淀、不断发展的成果，我们注重在建筑和文化中观照历史、反思当下，体现学校独有的精神风貌和历史积淀。行走在校园中，处处可以感受到校史文化的存在。一楼文化交流大厅是每个学生上学、放学必经之路，它采用 20 世纪 30 年代蔚斗小学的建筑风格。学校的果园中有一个古朴典雅的"爱陆亭"，它是为纪念校董唐爱陆而建，上书爱陆先生的墓志铭"爱国爱民气宇轩，廉洁奉公孺子牛"。在校园中有一个古色古香的中式建筑"养正书斋"，它是为纪念蔚斗小学的前身私立养正小学校而建，房子的部分材质采用了旧校原物。校园中，还有"乾坤池""集思轩"等具特殊历史意蕴的建筑，这样的布局，是给蔚斗学子视景知史、睹物思情的天地，更是师生抚今追昔、勇往直前的能量磁场，我们用这样的旧物促发旧情，学生浸润在校史文化气息的校园中，留下足迹，经历成长。

2. 让"老"物件来视景说史

在校园中陈设着很多有百年历史的宝贝，它们见证了蔚斗的沧桑岁月，述说着蔚斗的百年变迁。校园大门口，铺设着从私立养正小学校搬来的青砖青石板，养正书斋旁栽种着老校董亲手栽下的蜡梅，养正书斋的青砖、匾额、花窗、木雕都是学校的旧物，校园中的长凳、太湖石、水缸、石磨、抱柱都有着上百年的历史，校园中的金桂、橘树、杨梅、沙朴树都有着动人的故事……我们布置充满蔚斗老物件的场域，让隐性的课程感染、影响学生的心理情绪；我们的学校有着深厚的历史底蕴，我们的学校有那么多优秀的学子。行走于蔚斗的校园，学生深深地感受到：每一张照片的背后都有一个动人的故事，每一个物件的背后都述说着感人的蔚斗历史，而经由这些老物件的"无声之教"，历史的记忆得以接续，校史也就成了学生心中生生不息的"活"的存在。

3. 唱"老"校歌来视景温史

校歌是独特风格的学校文化，它潜移默化地影响学校群体成员的观念，是学校精神文化的实体存在。我校的校歌形成于20世纪30年代初，音韵和谐，朗朗上口，气势磅礴，意蕴深远："浃水泱泱，蔚斗煌煌，花雨鸣校庠。桃树李树，千行万行，春风罗列在宫墙。砥砺品学，锻炼体魄，深功从蒙养。大家努力努力，爱惜好时光。"蔚斗小学的毕业歌则充满着离别之情和家国情怀。两首歌曲都有着鲜明的地域特点，同时又体现出蔚斗小学独特的办学理念。我们根据校歌和毕业歌的描述补充了相应的景物，结合我们周边的自然风景，让学生们跟着校歌和毕业歌寻找昔日的校园风光、旧时的浃江风情，感受学校对学生的殷切希望，体会蔚斗学子为国争荣光的热血情怀。我们打造校歌的现实空间，让学生跟着校歌绘校园，唱着校歌游校园，沉浸在画面和音乐结合而成的空间中，在现实与历史的对接中，读书强国的责任担当在每一个学生的心上生长。

二、以行为径，通过研学课程使校史德育影响显性化

研学课程不是一般意义上的游玩，而是要建立起儿童世界与生活世界的自然联系，让儿童在实践经验的累积中，达成自我认识、自我建构、自我教育和自主发展。基于学校深厚的历史文化底蕴及丰厚的地域资源，我们把研学课程的实施定位在传统文化的挖掘和红色之旅的探访，两条线并进，寻找久违的家国情环，寻找迷茫的传统价值。课程的落脚点为校史基地资源的挖掘：从校内资源到校外资源再到走向世界的拓展。我们希望通过研学课程，隐性的校史德育课程资源可以显性化，孩子可以在真实的身边的情景联系中，自我完善。

1. 建校史研学基地

学校丰厚的校史建筑文化，为学生的研学提供了丰富的资源，增强了学习的现场感，有利于学生在真实的情境中体验。我们根据学校的文化特点，拟定了蔚斗烙印研学之旅的十个校内基地，分别是：校史大厅、养正书斋、爱陆亭、乾坤池、集思轩、汪波大道、延陵印记、蜡梅和雪松、青砖和石板、石凳石磨。学生在校史大厅移步换景中探寻校史，在养正书斋空间变换中探寻小港滩李家的拳拳报国之情，透过铺在地上的青砖和石板研究宁波的明清建筑材料，坐在桂花树下的石凳上探寻宁波人造桥修路搭亭的济世情怀。一个物件，承载着一段动人的历史；一个景点，述说着一个感人的故事。蔚斗的校史，就在这样的景物中一代代传递，爱国爱乡的精神，在一代代蔚斗人心中传承。

2. 编校史研学课程

厚厚的校史册不应该成为校史馆的摆设，应该让校史变身为德育课程，让孩子们从中汲取正能量。历年来，学校的光荣校史曾被多次编印成册，这些基于校史编印的校本教材，为研学课程的实施提供了有效的载体。2015年，在省级课题"基于适性教育的蔚斗烙印课程群建设研究"引领下，我们启动了基于校史的"蔚斗烙印研学之旅"的德育课程研究。课程以校史为基点，以乡土文化、碶桥河流、当地名人为延伸，融历史、文化、地理、民俗为一体，通过研究实践、体验探究和综合性学习，让学生在研学中学会合作分享，在活动中经历情感体验，促进学习能力和综合素质的发展。如今我们已经完成《浃江风情》《海防遗址》《蔚斗故事》《热土忠魂》《小港李家的故事》等系列研学教材。直观生动的校史材料、丰富亲切的课程现场、行走游玩的教学方式，有利于学生去体验、去反思、去感受，有利于学生在现场和体验中真正做到知行合一，在实践中感悟真知。教师确定学习主题，根据学生实际对这些研学主题进行选编、创编、改编，在追寻历史、展望未来的过程中，学生们的精神得到熏陶、净化、升华。

3. 倡研学知行合一

"走进碶文化"是研学课程的一个项目，依托学校的乾坤池展开。我校紧挨小浃江，古时此地深受海水倒灌之苦，百姓以石板为闸，拒咸泄洪，构筑了堰闸瑛桥的水利文化，孕育了浃江流域的农耕文明，开启了壮丽多彩的海上丝绸之路。课程启动前，我们要求学生做好前期的调查统计，在学习"家乡的碶"一课后分组形成研究课题。随后学生先研究学校小型碶闸的功能设施，然后带着研究课题进行走访探究，通过"看一看年代久远的碶""量一量每一道碶的长度""搜一搜碶名""做一做碶模型""讲一讲碶的工程艺术""聊一聊关于碶的故事传说""访一位现代守碶人"等课题内容推进。学生们惊讶地发现，北仑的发展史是一部以碶为桥、沧海变桑田、咸碱变良田的变迁史。学生们自豪地惊呼："在一条河流上保存最完整的碶就在我们的身边，就在我们的母亲河小浃江上！"由于碶是不可或缺的水利设施，所以每一座碶都有一个或长或短的故事，都体现了中国传统美德和祈求平安富足的愿望。离学校不远处，百年历史的义成碶述说着小港人因义成碶、一诺千金的济世情怀；距学校2.5千米的东岗，碶则是农耕时代方圆百里的保护神；而现在依然保留的守碶人则是独对狂风暴雨的孤胆英雄。这样的故土情怀、家乡眷恋远比文字、说教更有说服力。

"蔚斗烙印研学之旅"课程以学校丰富的校史文化环境为现场，通过多种学科的融合，在实践经验的累积中，建立起儿童世界与传统校史的联系。而学生也正是在充满着现实感的校史环境中，通过多种感观参与，在实践中感受着浓浓的爱国情怀。

校史是一门隐性德育课程，它积淀着岁月与梦想凝成的精神力量，它融汇着历史与现实创生的学校文化。我们打造校史隐性课程场域，目的是为师生的成长汇聚更多能量磁场；我们构建"蔚斗烙印研学之旅"课程，目的是让学生们亲近、认同、热爱、践行校史，从而使校史这一隐性德育资源显性化，发挥"以史育人"的作用。纸上得来终觉浅，绝知此事要躬行，让我们在追求中益显丰盈，在行走中愈发茁壮。忆往昔，看今朝，畅未来——我们会在校史文化传承中继续努力！

智慧点睛：

  文化是一个民族的脊梁，校园文化是师生们的底气。校长要善于挖掘校史中的文化精神，并传承这种精神，因为这对于建立在校师生的文化自信，增加他们的归属感、荣誉感和凝聚力至关重要。

第六章
变堵为疏，让后勤也能育人

后勤服务的质量会影响师生员工的身体健康状况和职业幸福感，然而在学校教育生态中，"教学为上"的理念使得后勤管理常常容易处于被忽视的地位，久而久之，后勤服务管理的不善也会影响到学校整体的氛围、校园文化建设、基础设施建设等，进而影响到学生在校的学习和发展。

在学校管理实践中，我逐渐发现，特色化、高效率的后勤管理也具有重要的教育价值，成为学校教育质量的重要组成部分。本章中我所选取的7个故事是我在后勤管理中的一些典型案例，这些故事大致可以将我多年来所提炼出的后勤管理智慧囊括其中。

《评选最喜欢的校园菜》主要体现的是"以生为本，关注学生的生活需要"的后勤服务理念。将学生对餐饮的满意度调查，变成了"评选最喜欢的校园菜"活动，既关注了学生饮食偏好，同时也提高了学生健康饮食的意识。《食堂就餐治堵记》给我的启发是后勤服务重在打开思维和激发每个人的参与。长期以来，处于不同职业身份的人往往会形成思维的惯性，校长在这时需要做的不仅仅是看到问题，更重要的是拥有全局性的视野和开放的思维，找到解决问题的新方法。

后勤服务如何在保证高质量供餐的情况下，做到更加"简洁有效"地管理？《泔渍桶称重记》讲述的是我们在不断改进的过程中总结出的简洁有效的管理方案，这一方案的实行，使"光盘行动"不再停留在口号的阶段，而是成了学校中实实在在保障学生身体健康和培养学生节约意识的重要课程。《打通最后一公里》既是管理的策略，也是形成学校文化的重要方式。它启示我如果不沉下心去，就无法发现问题；如果不坚持到底，就无法解决问题。坚持到最后一公里，才能在学校中形成一种细致、有韧性的文化。

《门外汉造新房》是一个凝心聚力的过程，这一过程的实现，需要校长发自内心地从把学校建设得更美好的本心出发，尊重学校中的每一个人，才能逐渐地将自己的这种愿景、情怀和情感传递给集体中的每一个人，造出理想中的校园。《围观兔子风波》与《评选最喜欢的校园菜》在理念上有相似之处，也是关注学生的需要，以生为本。不同之处在于，后者关注的是学生的身体需要和生理需要，前者则更多的是关注学生的心理需要和情感需要，把握这一阶段学生的心理和情感特点，可以让每一个学生的童年因为丰富多彩而日益精彩。

故事三十六　食堂就餐治堵记

2018年9月，我来到泰河学校担任校长。这是一所刚从九年一贯制转型为完全小学的学校，可能是刚刚转型，有一些地方亟待改善。比如吃饭这个事情，全校单数的班级11:25出发去食堂吃饭，双数的班级11:35出发去食堂吃饭。为什么要规定分两批出发去吃饭呢？原来，学生进入食堂的大门只有两个，要分批去才会不拥堵。可事实却是，该11:25去的班级由于老师拖课变成晚去的了，该11:35去的班级因为没什么事情提早去吃饭了，于是学校还得去检查每个班级是否按规定时间出发去吃饭。学校食堂有两层，楼上就餐的班级和楼下就餐的班级，常常会在大门口交叉，导致食堂门口拥挤不堪。学校必须派值周教师在那里定点管理，如果遇到雨天，或者值周教师没有及时到位，需要好几个行政同时进行疏导。学校的行政向我抱怨"值周教师到位不够及时，上课教师没有按规定时间带学生就餐"，要求学校严加管理。我觉得他们说得有道理，可是又觉得这样终归不是办法。

我一直认为，管理是有成本的，精益管理最重要的是减少浪费。要实现持续的改善，有一个关键，就是不仅要看到问题的表面，还要深入挖掘问题的根源。日本的丰田公司有一个著名的调研方式，就是问五次"为什么"。对于每一个"为什么"都有一个对应的解决方案，当你问到第五个"为什么"的时候，才算找到了最根本的解决方案。怎样问出五个"为什么"，那就需要在现场深入细致地观察、分析和评估。要改变就餐这个现状，那么就需要增加通道，使流动的路径不拥堵，同时设置最佳的路径，使流动的路径不交叉。我站在食堂门口仔细观察了两天，又进入食堂细细地观察了几圈。我惊讶地发现，食堂居然还有一个被堵住的南门！那为什么不用呢？大家的回答更让我吃惊："哎哟，是啊，食堂还有一个南门，怎么忘记了呢！"学校之前是九年一贯制学校，这扇南门是初中生的通道，等初中搬走后，南门就没有使用了。慢慢地，大门的锁生锈了，楼道上堆满了杂物，这扇门真的堵上了，从大家的视野中消失了。我突然觉得，一条通道是多么重要，这是一条打开人心的通道，一条解决问题改变思考方式的通道。

南门周边的杂物很快就清掉了，门锁换好了，卫生搞干净了。高年级的学生过车库从南门直接上二楼餐厅，低年级的学生过大厅从后门进入一楼餐厅，中年级的学生过实验楼前通道从正门上二楼餐厅。大家各走各的道，彼此不交叉，路通畅了。通道多了一条，分流了一部分，不拥堵了。值周教师不需要站在路口管理了，学校行政不需要在那里汗流浃背地协调了，就餐的时间也不需要学校硬性规定了。开了一扇门，治好了常年的堵，学生、教师、行政们都很开心。

同样的，是餐后的整洁和光盘问题。学校在一楼和二楼餐厅出口放了两个很大的泔渍桶，学生排着长长的队伍，把剩菜倒在泔渍桶里，把餐盘放在大大的筐里。泔渍桶很大，周边常常是倒出的垃圾，污水横流。放餐盘的筐很大，可是随意叠放，乱七八糟，常常还没等来食堂员工换筐，只听得哐啷啷倒下来的声音。怎样解决这个问题？德育处的几位老师通过仔细观察，连续发问，找到了解决的办法。首先，给每一个班级配备了一个放餐盘的方桶，如果每一个人整整齐齐地摆好，刚好可以放下 50 个餐盘，但是如果放得不整齐，餐盘就放不下了，这个设施迫使学生必须要整整齐齐地码好餐具。其次，给每一个班级配备了一个小小的泔渍桶，每个学生把泔渍倒在自己班级的桶里，既快捷方便，又便于班主任老师管理。光盘行动做得怎么样？只要看一看桶里的剩菜剩饭就可以了。最后，学校为每个楼层配了六台电子秤，每个班级的泔渍桶每天放到电子秤上去过一下，自己对班级的浪费问题进行评价。这样的一种设置，学校只需要提出相应的要求，并不需要投入多么大的精力去检查去管理，但是却能够收到很好的效果。看到整洁的地面，整齐的餐盘，很少的泔渍，食堂的员工开心极了，对学生的抱怨少了，对学校的热爱增加了。

看起来这么简单的解决方式为什么以前没有想到？是思考方式的问题吗？还是我们在解决问题过程中缺少跳出来寻找解决问题的方案？美国密歇根大学管理学教授杰弗瑞·莱克在《丰田模式》一书中指出，丰田成功的秘诀在于精益生产的方式和支持这种生产方式的企业文化。就好比，你光下载一个 App 还不行，必须要有后台操作系统的支持。如果一个学校只注重表面的管理模式改变，而不去培育该管理模式所需要的学校文化，那么再好的模式都无法真正地生长。这就要求学校管理者要激发团队具有发现问题、解决问题的能力和意愿，并提供充分的支持和保障，这样才能够真正解决看得见的和看不见的"拥堵"。

智慧点睛：

解决一个问题要突破常规思维，人们往往深陷于管理中的常规思维走不出来，是因为没有看到问题的根本。如何深入分析问题的根结，这个故事就是一个深度思维解决校园食堂拥堵问题的良好案例。

故事三十七　泔渍桶称重记

　　学校食堂为了保证让学生吃饱吃好，下了很多功夫，努力做到营养合理搭配，又尽量满足学生口味，可是浪费的现象却一直十分严重。每次看到倒掉的鸡腿、鱼、大盘大盘的蔬菜，我都是十分痛心。学校多次在不同场合提出要节约粮食，要光盘行动，可是却收效甚微。有一天，我看到食堂工作人员在称菜，突发奇想，何不来个"泔渍桶称重"，直击最后一关，看各班如何打卡。

　　4月2日，是开始实行泔渍桶称重的日子，称重数越小，名次越靠前，如重量进入全校前五名，班级加0.2分，如果一周里有三次进入前五名，可以收获一份神秘礼物。为了班级加分，为了让泔渍桶变轻，各班可谓是"八仙过海，各显神通"，我观察了一下，主要是三招。第一招是自知，吃多少盛多少，每个学生尽量做到光盘。第二招是合作，实在吃不完的可以赠送给喜欢吃的同学吃完，努力保证每一个人吃饱吃好吃完。第三招是鼓励，特别爱挑食的同学在同学的目光注视下，在周边同学的掌声鼓励下努力吃完。于是，当天我们听到了好多次的雷鸣般的掌声和赞叹声，看到了很多成就感满满的"助攻者"和"主攻手"。我不得不佩服智慧的班主任们。当天检查全校的泔渍桶，每个班级的泔渍大大减少。

　　接下来的几天，行动继续。为了拿到前五名，为了得到神秘礼物，同学们也是拼了。每一个班级都派出了泔渍桶管理员，一是检查是否光盘，二是保证不让别的班级泔渍倒入。也真是奇怪，这几天餐厅里安静许多，每个人都埋头吃饭，努力把菜吃完，努力做到光盘，说话的人减少了，打闹的人不见了。本以为，如此称重可能会招来家长投诉，没想到得到的却是家长的称赞。家长说："我们家的孩子很挑食，怎么说都没用，这几天在同学的鼓励下终于愿意吃鱼了，愿意吃蔬菜了，谢谢学校的称重行动。"另一位家长也说："本来我每天吃饭的时候不安心，我们家儿子不好好吃饭，扒几口就倒掉，这下可好了，这几天他乖乖地坐在位置上吃饭，再也不用我担心了，这个活动太好了！"家长的称赞坚定了我们泔渍桶称重的信心。接下来的几周，大队部和食堂合作继续称重。

有一天，我正在巡视学生们就餐情况，远远地看见一个学生迅速从兜里掏出一个塑料袋，把自己的剩菜倒入袋中。天哪，他真是"吃不了，兜着走"，为这个称重，可真是难为他了。我来到大厅的"光盘打卡擂台榜"，惊奇地发现某班泔渍桶的重量天天都是"0"，这不太正常啊。调查后才发现，原来他们班为了要进入前五名，硬性要求每一位学生都必须光盘，不得有任何剩余，盘子个个都舔得锃锃亮。这现象正常吗？这是我们追求的泔渍桶称重的目的吗？自从称重行动以来，浪费现象明显减少，家长纷纷点赞，老师评价甚高。但泔渍桶称重没有不妥之处吗？称重的目的是什么？是尊重劳动成果，合理均衡膳食，光盘是过程不是目的，为了评比而强制让学生都吃完，那就失去了称重行动的价值，忽视了个体情况的不同。大队部迅速调整了称重奖励的方式，从之前的称重排名奖励改为1.5千克以下的班级都给予表扬并加分。这样的方式不仅让学生很有动力，而且考虑到学生的个体情况。随后学校开展了"我最喜欢的校园菜"调研活动，努力保证在营养均衡的情况下让菜品更适合学生的口味。

泔渍桶称重从一开始卓有成效，到问题暴露，到积极改进，让我们充分意识到，一个好的活动，正确的引导比盲目的努力更重要，理性的管理和有效的落实比唱口号似的管理更有效果。

智慧点睛：

苏联著名的教育学家马卡连科提出集体主义教育，强调通过集体影响个人，认为集体能对个人产生独特的影响。这个小故事就是体现了这样一个现象，通过"泔渍桶称重"，将一件个人的事变成集体的事。在杜绝浪费，践行光盘行动的同时，培养了集体情感，提升了班级凝聚力，是一个成功的班集体建设的案例。

故事三十八　评选最喜欢的校园菜

在传统意义上，食堂仅仅是学校为解决肚子问题而衍生出来的一个产物，处于学校的附属地位。然而饮食文化、健康教育本身应是生命教育的一个组成部分，不管学生以后成为怎样的人，首先应该是一个有着健康的体魄、良好的饮食习惯的人。为什么学生对食堂的满意度不高？学生对食堂有哪些建议？他们的饮食喜好是怎样的？为了准确了解学生的饮食情况，有针对性地改善和提高食堂管理工作，我们开展了"我最喜欢的校园菜"评选活动，希望通过此次活动，收集学生关于饮食喜好的信息，了解学生不喜欢食堂菜的原因。

全校学生都参与了此次活动，我们采用答卷的形式，从中评选出学生最喜欢的校园菜和最有营养的菜。学生评选的最喜欢的六个菜分别为：香煎鸡排、油炸鸡腿、红烧牛肉、霉干菜鸡腿、香煎比目鱼、肉末蒸蛋。学生评选的最有营养的六大校园菜分别是：肉末蒸蛋、红烧牛肉、霉干菜鸡腿、西红柿炒蛋、红烧带鱼、红烧梅鱼。拿到这个数据，虽是在预料之中，但还是让我们略感压力。我们的学生明显偏爱肉类食品，不喜欢蔬菜瓜果；明显偏爱口味重的食品，不喜欢清淡的菜肴。他们对营养的认识比较片面，认为高蛋白高脂肪就能够提供全面的营养；他们知道油炸食品不健康，可是却难以拒绝诱惑。在对学生的个别采访中，大多数学生坦言自己知道油炸食品是不好的，但在学校里吃一点点是没有关系的，再说味道那么好，吃起来很兴奋。学生不喜欢校园菜的主要原因是"菜冷，颜色不好看，蔬菜不好吃"。在给食堂的建议中，有学生提出来，希望增加点心和水果。

根据这一次调研数据，我们召开了一次行政扩大会议，邀请我们的年级组长一起参加。总务处把此次调研的数据和学生的建议进行了汇报，下一步将做哪些调整想听听大家的建议。年级组长们提出，学生的饮食习惯的确是不太好，这个不能够由着他们，需要做引导教育，建议由大队部出面针对此次调研活动，开展一个"健康饮食我知道"的专题活动，培养学生良好的饮食习惯。对于学生们提到的菜是冷的，他们认为也没有办法，毕竟是2000多人的食堂。至于能不能提供水果和点心，他们认为目前的收费标准难以达到此项要求，当然如果可以的话那是最好了。年级组长们的建议既站在学生的角度，又替学校有所考虑，行政们都很认同。难道，另外两个问题真的无法解决了吗？时间已晚，大家已经达成共识，会议先开到了这里。

回家的路上我一直在思考菜冷了怎么办，要吃水果点心怎么办。看到今天的晚餐是炒年糕，我一下子想到答案了。一周有五天，其中一天可以吃点心，如炒年糕、炒面条、海鲜面等，这一天省下来的钱可以用来购买水果。这样既满足了学生吃点心、吃水果的愿望，在费用上又不需要增加，真是两全其美。当即我把这个想法分享在我们的行政群里，大家都说好。第二周的周一、周三增加了水果，学生那个高兴啊，一个个眼睛都笑成了一条线。周五早上，大队辅导员告诉学生，今天中午会给大家一个惊喜。中餐时，我特意早一点来到食堂，学生一看是炒面，那个兴奋啊，简直要把食堂的屋顶都掀掉了。如此调整两周后，大队部就中餐情况向各班做了一个满意度调查，学生们一致认为：学校真好，能听取学生的建议，还有炒面吃，很开心。

学生饮食习惯培养的问题怎么解决？收到学生的调查数据后，学校食堂以"既要美味又要健康"作为烹调要求，研究出了一批新菜品，从最近就餐的情况来看，它们很受学生的欢迎。学校出培训资金，委派大厨参加"健康饮食烹调班"学习，由他负责带领团队不断提高烹调水平。大队部开展了"健康饮食我知道"专题，每天5分钟小广播，持续一个月。学校文化建设组对食堂原有的文化布置进行了改进，调整为"健康饮食"系列的文化布置，立体全方位对学生进行健康饮食教育。每天的剩菜情况，有了很大的改善。我呢，积极向上级争取资金，购买了一批保温餐车，做到每一个班级一辆，这样就可以保证每一个学生都可以吃到热的饭菜了。

食堂的改善工作虽是小事，甚至有人会觉得它似乎不应该是校长关心的事，但"民以食为天"，学生需要一个温馨的、和谐的环境来就餐，需要营养的、健康的食物来补充体能。试想，学生在学校里吃不饱吃不好，那他哪有精力学习和运动呢？他哪会觉得我们的学校是关心他爱护他的呢？家长对学校的认可度怎么会高呢？以生为本，首先是应该以"身"为本，学校应该本着让每一个学生全面健康发展的目的，从学校文化的高度，打造好学校的食堂，实现学校教育质量的全面提升。

智慧点睛：

"民以食为天"，学校也是如此。食堂往往不被列入学校的重点关注对象，对于食堂，大部分校长认为只要不出食品安全事故就没什么大事。但是，看出一个学校品质的往往是从不重要的细节。所谓"天下大事，必作于细"，能将学生的餐饮当成一件正事去关注，严校长的眼界确实令人敬佩。同时，为了迎合孩子的心理，将对学生的调研做成了一次"我最喜欢的校园菜"的评选活动，构思新颖，可圈可点。

故事三十九　打通管理的最后一公里

　　学校各个班级门口走廊的凹槽总是扫不干净，黑乎乎的，塞满了各种杂物。上周工作会议，老师们提出要把走廊的凹槽弄干净。这周进行检查，发现各个年级都完成比较好，教室走廊的凹槽变干净了，只是503班、504班、505班这三个班级凹槽依然很脏。怎么办呢？德育主任来找我。我知道他是遇到难事了，因为这几个班主任都是认真负责的老资格教师，德育主任年纪轻，他担心自己不好说话。

　　我和他一起来到了五年级办公室，想开口，但还是忍住了。这几位班主任年纪大、资格老、要面子，而且平时工作都是比较认真的，这样当着大家的面批评他们不太适合。回去后，我给这几位班主任发了一条信息，委婉地提醒他们把走廊的凹槽打扫干净。快要退休的李老师知道后，跟我说："校长，这么小的事情就不用费心了，我跟这几位班主任老师去说好了，我会去落实好的。"既然如此，我就把这事委托给了李老师。

　　两天过去了，正想着去看看凹槽打扫干净了没有，李老师来找我了，说："校长，那几个班级的凹槽搞不干净的，他们这几个班级离食堂近，可能是油烟的关系，扫不干净的。"李老师陪着我来到了五年级教室门口，一看，扫过了，但是真不干净。503班的班主任说，昨天是他自己扫的，扫来扫去扫不干净。看来，老师们真是认真去做了，可是效果不好。虽说校长没有直接批评，可是都已经来到了现场，这不批评压力也已经是够大了，老师们的心里挺委屈的。

可是没有扫干净啊，就这样走了吗？

我让学生把扫把拿来，自己扫，发现还真不好扫。原来，因为长时间不清理，灰尘已经和油污牢牢地黏在了一起，普通的扫把还真是扫不干净。503班的班主任提议用水来冲一冲。我让学生拿了拖把，先用水冲，再用拖把拖，可是也拖不干净。

正在这时候，我看到504班的学生拿来了一把陶艺制作刀，一点一点地刮，慢慢地，这些黑乎乎的脏东西掏出来了。505班的学生看到后，拿了一把小剪刀慢慢地掏，5分钟不到的时间，原来黑乎乎的凹槽干净了。看到了成果，越来越多的学生加入，工具和手并用，一点点地挖，一点点地掏，越来越有成就感，只听得一片掌声，一片欢呼声，原来三个班级齐心协力把近30米的凹槽都弄干净了。

第二天，当我再次经过五年级的门口时，凹槽是干干净净的；整个学校的楼层，每一个教室门口的凹槽都是干干净净的。

一件事情要落实，必须要管理到"最后一公里"，而且是越到"最后一公里"越是不能轻易放弃，否则学校各项事务的执行力就会下降，久而久之就形成找借口和推脱的学校氛围。五年级没有做到位，如果就此不管，学校的执行力就会降低。如果校长去现场看了以后发现的确难扫，就此罢手，会让老师们留下一个只要找到借口就可以不执行的印象，长此以往，一个群体都会去寻找借口，而不是去寻找解决问题的方案。看到了问题，必须去解决，想办法去解决。如果你有困难，让我们一起来想办法解决，让大家看到成功，让我们享受收获的喜悦。我们的工作，是要传递成功的喜悦，传递做事的快乐，传递用心解决问题的成就，这不仅仅是行政的落实力量，更是一种喜悦的氛围浸润。校长的管理方式是学校文化建设的一种体现，校长通过坚持管理到"最后一公里"的行为，为学校奠定了做事认真的榜样和基调，从而形成了学校的文化。相信在这样的文化浸润中，每一个人都会遇到事情不退缩，想方设法去解决。

智慧点睛：

"行百里者半九十"，学校品质往往体现在细节中，作为学校管理者的校长要善于发现管理中的细小问题。这个小故事中，严校长通过对打扫卫生中的细节问题的考究，引导师生共同认真解决细小的问题，这对培养师生的耐心、细心、专注力都有重要意义，把小问题做细、做大，才能做得更好。

故事四十　围观兔子风波

　　学校的南边有块空地，长期以来因为没有人打理，生满了杂草。一次偶然的机会，我看到学校里的学生激动地问老师能不能在学校里养一些小动物，这样他们就可以天天看到自己喜爱的动物了。这个场景启发了我，何不把学校南边的空地改成一个"小小动物园"，让学生分工负责喂养和照顾这些小动物，这样既能培养学生的爱心、同情心、责任感，同时又能通过真实的照顾动物、参观动物等活动实现生活教育的目标。

　　我原来任职的学校养了5只孔雀，他们愿意送我们一对孔雀；我的同学农庄里有很多兔子和白鸽，他愿意送我们一些。小动物落实了，我们就开始修建小动物的庄园，不到半个月的时间，兔子屋、鸽子笼都做好了，同学们伸长了脖子等待着小动物的到来。四只兔子入住了，一只白色的，一只黑色的，一只灰色的，一只花白斑点的。这兔子长得十分可爱，耳朵特别长，眼睛特别亮，而且都有一对黑眼圈，就像画了"烟熏妆"。长耳朵兔子一点都不怕人，看到人就会跑过来蹲在人的面前，左跑跑，右跳跳，像个滚动的"大雪球"。这可把学生们给乐坏了，可爱的兔子一时间成了校园里的"明星"，引来了校园里大大小小学生的围观，学生只要一下课就跑过来观看，中饭后更是人山人海。学生们真是太喜欢这烟熏妆兔子了，不光上学时候看，放学后还要拉着自己的爸爸妈妈、爷爷奶奶过来看，周六周日还要带着青菜来喂小兔子。更令人惊喜的是，兔子来到我们学校一个月后，竟然诞下了6只小兔。每天负责喂养兔子的小浩看到兔笼里有6只光秃秃"小恐龙"一样的怪物在挣扎，吓了一大跳，仔细一看，估摸着可能是小兔子出生了，他三步并作两步，飞一样地把消息报告给了指导老师，告诉了同班同学。这一喜讯传遍了整个校园，成了我们学校的一大新闻，小朋友们去兔子屋更积极了，他们看着"小恐龙"一样的怪物慢慢睁开了眼睛，慢慢长出了绒毛，慢慢身体变得圆圆，慢慢由绒毛变成长毛，慢慢长得和它爸爸妈妈一样。很多家长听说后，放学后、周末会带着自己的孩子过来给兔子喂食，打扫卫生，一家人观看这一窝可爱的小兔子，其乐融融。

一个星期以后，奇怪的事情发生了，周五当天负责喂养兔子的小亮发现少了一只兔子，数来数去还是少了一只，他急得满头大汗，赶紧向老师汇报。这兔子怎么会少了一只呢？逃出去是不可能的，那是谁把兔子拿走了？养殖小组的同学找到了大队辅导员，希望能够查一查。那里刚好有一个隐形的监控，大队辅导员一调监控，发现居然是一个小女孩抱走了。我让大队辅导员通过广播传达了这样一个消息："同学们可能是特别喜欢学校中的兔子，把上个月降生的小兔子带回家照顾了，麻烦这位同学明天把兔子带回学校里来，如果你真的很喜欢，你可以申请周六周日把兔子带回家照顾。"第二天一早，那只失踪的兔子又回到了我们的校园里。

如今，兔子入住了，白鸽入住了，同学们课前饭后总爱去小小动物园逛逛，看它们就食。我们把小小动物园旁边的空地开垦出来，打造了一个小小农场，有各种蔬菜、水果，还有一片茶园。南边的空地不再是荒芜之地,而是学生们童年的乐园。那里经常发生的故事,总是和小动物、植物一起,传递着美德的温暖,折射着人性的光芒。

  德育不仅仅是对学生道德品行的判断和矫正,更是要用道德的、关爱的方式对待学生的失范行为,使学生自己意识到自身行为的问题,在维护其自尊心的情况下达到道德教育的目的。

智慧点睛:

  学生成长需要丰富的校园环境,其中包括生态环境。本文中的学校在偶然的机会下饲养了几只兔子,却起到了意想不到的效果,其后又引入了其他动物,成为学校一道亮丽的风景线。小动物的入住能让学生亲近自然,在饲养的过程中也能提升孩子的责任感、同情心,是环境育人的典范。

故事四十一　门外汉造新房

有人说："一个校长在任内最好要有建造校舍的经历，这样他的履历才算完整。"校舍不仅是地理空间的延伸，更是文化空间的拓展，它可以承载校园无形的文化，也可以蕴藏办学的理念。然而理想很美好，现实很骨感。刚调任到一个从九年一贯制转型为大规模小学的我，还要承担扩建3万多平方米的基建任务，这对于连施工图纸都看不懂的我来说，实在是十分的无奈。如今房子造好了，回想起来还是很有成就感，也很有一些值得回味的地方。

虚心求教。8月底才拿到调令的我，一上班一刻也不得闲。聘用员工，熟悉制度，改善设施，协调关系，处理家校矛盾，工程建筑知识要学习，学校日常工作不能丢，直到10月国庆长假才有一些时间。我静下心来，把施工图纸拿回家认认真真地研究了7天，终于从一个对图纸一窍不通的门外汉变成了略知一二的"小学生"。假期结束后，我把这些图纸分发给各个部门，请他们一起研究。遇到我们都看不懂的地方，就去工地请教总工程师，大家集思广益，这专业的施工图我们是越来越清晰了。我刚好认识一个大学建筑系教授，他是一个十分有教育情怀的人，我请他帮忙把把关，从使用角度来看建筑设计还有哪些问题。教授接受了邀请，带领研究生团队实地走访考察，在仔细绘图后提出了一些建设性的更改建议。这些建议至关重要，我们这些人根本无法发现。虚心求教，借力而为，共同看图，全力"找碴"，为的就是避免在工程交付后才发现问题，尽量建造"我们理想中的校园"。

据理力争。在听取和汇总各方意见后，我们向施工主管部门提出了16条大大小小的建议，本以为我们有着充足的理由，施工主管部门一定会同意，谁知第一次沟通却是"全军覆没"。他们以规划图纸已通过有关部门审核、新校区地下工程已经全部完工等理由拒绝了我们所有的要求。虽然我也理解他们的难处，工程量大、工期紧、难度高，可是我们提出的问题确实需要得到解决。比如，新老校区之间没有连接通道，新校区送餐电梯和楼层有着1.2米的高差，教室和厕所的设计和学生的身高不符……以上种种，都是使用后必须要面对的问题，等交付后再去弥补，几无可能。作为校长，必须站在学生的角度维护学校的权益，这是校长应尽的职责。虽然参会的领导拒绝了我们的要求，可是我不死心，据理力争，我跟他们说："这房子造出来是给学生使用的，设计师不一定了解学校，有一些地方需要改进，这是完全正常的，如今我们不更改，难道等着造好以后再去修改吗？这样不仅浪费国家的钱，还会被很多人骂。我不想做被人家骂的人，我想你们也是的。"参会的几个人你看看我，我看看你，一言不发地走了。后来，我就他们拒绝的理由咨询了相关的专业人员，专业人员认为完全可以修改，就是程序上麻烦了一些。麻烦怕什么！有了这个定心丸，我一面向教育局打报告，一面向主管我们扩建工程的部门打报告，不多久，由教育局出面，召集了一个多方参加的项目协调会议，在会议上，我据理力争，有关领导终于松口答应了其中的10条建议。

按照他们的话说,他们从来也没有收到过这么多的修改建议,也从来没有答应过这么多条修改建议。我十分感谢,向他们深深地鞠了一躬。

以情动人。在新校舍的施工期间,我每天都深入施工场地,一线工人、管理部门的辛苦我都看在眼里,烈日炎炎下工人挥汗如雨,鹅毛大雪时工人冒雪施工,他们在为我们能够尽快搬入新校园竭尽自己的力量。我想我们是否可以在生活上给他们提供一些方便,让他们更舒心地工作。台风天时,邀请工人们到学校体育馆避灾;大雨天时,熬制姜糖茶为他们驱寒;炎炎夏日,送上清凉的冷饮鼓舞干劲;校舍结顶时,赠上美味金团共享上梁喜悦;临过年时,我们学生写春联送祝福,送上写着工人姓名的亲手制作的贺卡……一声声问候体贴温暖,一句句祝福真诚亲切,这些实实在在的关怀感动了施工方。新老校区仅一墙之隔,时不时散发出刺鼻的油漆味、嘈杂的机械声,师生们从未有过一声抱怨,彼此间的互相理解让冰冷的钢筋水泥充满了暖意,充满了人情味。我们在现场发现的一些问题,只要是他们职权范围内可以调整的,都第一时间帮我们调整,凡是他们无法调整的,积极帮我们争取。我们尊重工人、爱护工人的行动慢慢地传到了主管部门的耳朵里,他们很感动,剩下的 6 条建议在我们一次次的交流沟通中慢慢地解决了。

群策群力。学校的建设是一个动态持续的发展过程,为了更精准更专业地跟进新校区建设工作,我们具体划分了基建水电组、设备采购组和校园文化建设小组,各小组之间工作协同推进,确保 2019 年 8 月 23 日完工。以校园文化建设小组为例,打造新的学校文化识别体系,实现空间与文化的有机融合是该小组工作的重心。校园文化建设小组又分为若干个小组，有形象识别系统、普通教室设计、专业教室设计、公共空间设计等多组。在具体设计中，坚持"谁使用谁负责"的原则，例如，美术教室设计就由美术组的老师们说了算，他们根据学校给出的总包资金制订方案，绘出图纸，确定家具，参与招投标，安装跟进等。为了得到一个最佳方案，他们上班时候没有时间，就下班后共同商讨，经常开会至深夜。一个个组负责设计着自己心目中的"新房"，充满期待地见证着新校园一天天的变化。我每一天都会去巡视新校区，可我从来不是一个人。我喜欢带上不同的职工一起去工地巡视，如果今天的重点是图书馆，我就会带上图书管理员、空间设计小组成员、语文教研大组长一起去参观，倾听他们的意见。新校区的地板、墙砖、地砖，厕所的台面、挡板、小便池，教室的桌椅、门窗等，我都邀请相关的人员一起讨论，让他们在交流和对比中做出决定。而地下车库进出口如何设计，等待区域如何规划等让总务处、德育处讨论决定。我总是这样想，老师们比我更了解学生，老师们比我更了解他们自己的学科，老师们一定和我一样热爱着自己的学校，为什么不让他们做自己地盘的主人。我们每一个人如同期待新生的孩子一样，共同期待着我们的新校区。

8月22日傍晚，随着最后一车建筑垃圾驶出校园，新校区如期交付。所有的人脸上洋溢着欣喜的笑容：我们终于有了一个崭新的高大上的校园！而我，长长地舒了一口气，告诉自己：门外汉只要用心，也能造新房！

智慧点睛：

校长是专业的教育管理人员，建房对于校长显然是一件非专业的工作，但学校管理就涉及学校基建的内容。本文中的校长，靠着耐心、专业、负责的工作态度将学校新建大楼中的问题妥善处置，化业余为"专业"。

故事四十二　玻璃碎了，赔钱就了事吗

快下班的时候，吴老师急匆匆地跑来求助："校长，灭火器箱玻璃被我们学生给打碎了，按照常规做法，我要求家长来校维修，可是家长很不乐意，他说学校不是有后勤部门吗，为什么还要他们来维修？赔钱不就行了？家长情绪很激动，您看看，是不是赔钱就算了……"

在她的讲述中，这位家长很不赞同学校的做法。他觉得学生损坏了物品，作为家长按照所需费用赔钱就可以了，维修是学校后勤应该做的事情，怎能要求家长到学校来维修呢？这位家长很生气，还索要我的电话号码表示要与校长交流。

吴老师是一个毕业两年的新教师，看得出她十分委屈和无助。我对她说："学校是可以让后勤来维修，但我们希望把这个过程转变为教育的契机。在工作中难免会碰到一些家长不理解学校的规章制度，不理解其中的用意，这是很正常的。既然家长想跟我沟通，那你就让他打电话给我吧。"

没过多久我就接到了这位家长的电话。看来家长情绪有点激动，在确认我的身份后，便直接质问，学校有后勤部门可以维修，为什么还要让家长来做这些事情！他对学校这样的做法十分不理解，觉得后勤部门有懒政行为。我只是静静地听着，没有急于解释，偶尔礼貌性地回应下，待他讲完了，情绪稍稳定些了，我对他提出的质疑进行解答，解释了学校这样做的初

衷和用意。

泰河学校除了关注学生学业成绩，更关注学生的品德及社会实践能力，之所以让家长带孩子来维修并不是推卸责任，只是想抓住可以利用的时机对学生进行教育。这件事我们完全可以让学生赔钱了事，甚至不赔钱都是可以的，这对后勤部门来说其实更简单，一个电话就可以让工人修理了。学校为什么首选让家长与孩子一起来学校维修，就是想通过这样特殊的"实践活动"让孩子知道，一件看似简单的事，需要花费很多时间和人力，如需要量尺寸，找玻璃店划玻璃，把碎玻璃拆下来，再把新玻璃装上去，最后还要请广告公司把"灭火器箱"三个字贴上去……只有孩子亲身参与了，体验了，才知道原来看似简单的事情并不简单，才知道自己的疏忽会给别人带来很多的麻烦。我们是想借助这样的教育契机让孩子知道犯错是需要自己承担责任的，任何事情不是有钱就可以解决的。家长一句"大不了赔钱"就有可能让学生潜意识里滋生"金钱万能"的想法……最后我说："家长来校和孩子一起维修只是首选但并不强求，如果家长实在没有空，我们后勤部门也是会维修的。作为学校首先是想着把事情尽量转化为教育的契机，毕竟孩子只是孩子，打碎了玻璃也不是什么大事，我们只是想把事情变成一个让学生成长的机会。"家长听完后心生歉意："哦，学校原来是这个意思啊，是我们理解错了，学校确实想得很周到。谢谢，实在不好意思，我们会想办法抽空来修的。"

电话挂掉后，我与班主任进行了沟通，把我和家长之间的沟通情况进行了交流。几天过去了，家长没有来校维修，吴老师打电话去询问家长是否来校维修，家长表示最近这段时间实在是没有空，并一再向老师表示歉意，同时表示一定会借这样的时机好好教育孩子的，让学校再给他几天时间。学校得知这个情况后，让吴老师告诉家长，对孩子的教育已经达到效果，学校后勤部门会马上进行维修，让家长不用特意过来维修了。第二天，这位学生拿着钱和一封道歉信来到了后勤办公室。他低着头说："老师，这是我打碎玻璃赔的钱，这是我的道歉信，对不起，我知道我错了！"晚上，学生家长特意发信息给我，说："谢谢学校，这件事情让孩子对学校心生敬意，同时也为自己的行为感到愧疚；作为一名家长，要时刻记得如何去帮助孩子建立正确的人生观，把孩子的错误变成教育的契机。"

看到家长的信息，看着新安装上的灭火器箱玻璃，我有少许的欣慰，这位家长终于理解了学校的"苦心"。学生的教育是一个需要家校共同合作的工程，学生的三观往往更多地受到家庭的影响，作为学校是不是可以通过一定的途径对家长进行相应的宣传与教育？我们的家长会、家长学校的培训内容是不是可以更丰富一些？我们的家长培训的形式和载体是不是可以更加多样一些？这样家校共育才能更好地发挥正确的导向作用。

玻璃被打碎了，赔钱就了事了吗？肯定不是的。这块打碎的玻璃，不仅仅教育了学生，还教育了家长，同时也教育了我。教育的契机就在身边，我们要善于寻找和把握每一个教育的契机。

智慧点睛：

　　社会经济的飞速发展在改变人们的物质生活条件的同时，也使得家校合作面临新的问题。如何在家校之间建立起牢固的信任，如何实现家校关系的转型，成为新时期教育领导者所面临的重要挑战。"玻璃碎了"这一事件所反映的正是校长建立新型家校关系的一种尝试。从中我们可以看出：有效的家校合作离不开真诚的沟通和相互的理解，其中既包括教育领导者对家长需要的理解和对学校教育理念的坚持，同时也包括家长对学校教育的信任、支持，以及开放包容、乐于沟通的心态。

第七章
培训研修，他山之石可以攻玉

　　学校的发展不仅需要教师的发展和学生的发展，更需要作为学校领导者与管理者的校长的发展，培训与研修是非常重要的校长专业发展方式，同时也是校长职业生涯非常重要的一部分。"一个好校长就是一所好学校"，管理好一所学校离不开校长自身定期的培训与研修。

故事四十三 北师大培训略记

2011年10月8日至11月8日，我在北京师范大学(以下简称"北师大")校长培训学院参加第45期校长高级研究班培训。每一天学习之后，晚上需上交体会一篇，班主任老师天天审阅。这里，是我的一次停留；这里，更是我的一场启程。如果说人生中总会有一些关键性事件让我们化茧成蝶，那么北师大培训的那些日子就是我生命中最美丽的遇见。节选了部分的体会，与亲爱的你们分享。

一、安全是练出来的，不是躲出来的

带着一颗随意的心聆听"体育，体育教育"讲座，我心里猜测老师会怎样让我们喜欢体育，没想到自己不仅喜欢上了体育，还成了毛振明教授的粉丝。

毛教授说："体育是对人类自然和社会本性的维护。"人是站起来的猴子，但是现在人的活动是50年前的一半，不见阳光，不会说话，不会打架，恐怕如此下去，人将不具备动物的特征。体育是在室外授课，能见太阳，能经风雨，需要合作，让人类保留站起来的猴子的特征的学科。体育是人的三大认知中最强调运动认知的学科，人的社会认知只有通过概念认知、感官认知、运动认知共同作用才能完善。体育是所有学科中的热血学科，它能够有效地促进学生的心理健康，提高学生的社会适应能力，让一个人阳光自信朝气蓬勃！这些观点，站在人的社会

化角度进行阐述：体育不仅仅能锻炼人的身体，促进人的身体健康，更重要的是体育能够提高学生的社会适应能力，引导学生在一个团队中学会生存，完善人的社会化。

体育课是学校教育中安全风险比较大的学科，也因为如此，好多学校把一些有安全风险的体育内容都删掉了，把一些有可能造成安全事故的体育设施给拆除了。对此毛教授深感痛心，大声疾呼："求求校长们不要拆器材了，安全是练出来的，不是躲出来的！"是呀，我们教育的目的是什么？是为学生日后的生活打下基础。拆了双杠、单杠，是少了从双杠、单杠上掉下来的学生，但是否也同时使学生失去了锻炼相应能力的机会呢？一个学生不敢去爬高高的铁索桥，因为他担心自己会掉下来，事实上也真的有学生从上面掉下来。有一天他在全班同学的鼓励下终于爬上了高高的铁索桥，并稳稳地走完了全程，那种自豪，那种内心的欣喜，使他相信自己原来可以做得很棒。他的身体得到了锻炼，他的意志得到了磨炼，他感受到鼓励的力量，感受到自己的价值，这种精神上的自我肯定对一个学生的发展是多么的重要。学校中学习的内容和设施可以删可以拆，但是如此培养出来的孩子日后走向社会，他怎样面对社会中的种种不安全因素？怎样借助于自己敏锐的运动协调能力保护自己？怎样根据体育课中的急救实践经验救助自己和他人？因此，学校不应该是藏着、躲着来被动地规避安全问题，而应该主动地、积极地面对现实中的安全问题，引导学生学习去规避生活中的不安全因素，同时通过自己规则意识的增强和身体的训练，使自己更安全快乐幸福地生活。

好的讲座带给人的启发往往会超越内容的本身，这虽然是一个关于体育的讲座，但是却让我领悟到了教育的真谛。

二、整体特色：学校办学发展的新理念

第二天，为我们讲座的是原光明小学校长刘文胜，一位全国知名度很高的校长，现任全国小学教育专业委员会副理事长，北师大兼职教授。刘校长在光明小学担任校长20年，提出"我能行"教育，建构了独具特色的育人模式，在全国很有影响。

刘校长从学校特色建设的意义入手，指出学校特色的建设过程就是学校文化的打造过程。学校特色可以分为单项特色、局部特色、整体特色。第一类是特色活动，像"古诗文诵读、生物标本制作、乒乓球运动"这一类属于单项的特色活动，要评价其是否为特色的核心标准是100%的学生参与，单项的活动特色不是学校的整体的特色。第二类是特色项目，比如英特尔"一对一"数字化应用研究等，实际上也是单项的特色。第三类是特色课程，比如学校的社团活动课程。第四类是办学特色，比如光明小学的"我能行"，崇文小学的"以情移情"等。通过这一些介绍，我对特色的了解逐渐清晰，我们平时所讲的特色往往更多倾向于单项和局部的特色，真正的特色应该是学校的整体特色。

刘校长提出，任何的特色必须要符合五性，即方向性、独特性、本质性、实践性、科学性。他的思维非常严密，每次讲一个概念必然会用一个例子进行说明，言简意赅，但突出本质属性，十分了得。比如有一所学校考试成绩总是整个区域第一，如果说这个学校的特色是成绩全区域第一就不行。如果它的特色是建立在加班加点，学生苦不堪言的基础上，那就不符合教

育发展的方向，就不是特色。但是假如这所学校在课堂教学中或者在练习的设计中确有一套，且学生负担不重，那么就可以从课堂教学模式或者练习设计中寻找这个学校的特色。这样一讲，我们对特色的方向性和本质性有了深刻的认识。所谓"科学性"，就是要能够对自己的特色讲得通，比如北京实验二小的"双主体"教育，什么是"双主体"就要能讲清楚，讲不清楚就不是自己学校的特色。比如我校的"适性教育"，我就必须要能说得清楚什么是"适性教育"，为什么进行"适性教育"，理论根据是什么，发展目标是什么。这是我当前必须马上要完成的工作。

　　刘校长用大量的时间介绍了怎样创建学校特色，他从办学思想来自何处、对特色创建需要清晰的界定、特色创建需要先进理论支撑、特色创建的途径需要立体构建、特色创建需要全体教职工共识等几个方面入手，详细介绍了特色创建的过程。另外他又从学校特色创建需要植根于课堂教学、特色创建需要整体体现、特色创建需要提升、特色创建必须持之以恒等几个注意点入手，引导我们对学校特色创建过程有了清晰的认识。给我启发最大的是"特色创建需要全体教职工共识"。刘校长每个学期都会在开学前进行通识培训，每个学期至少要有一天的时间围绕学校的特色进行培训。一位校长对学校的管理，首先，教育思想的管理不能仅仅停留在文本中，也不能仅仅停留在口头上，而是要从日常的教育教学中发现问题，结合实际及时引领，使全体教师在工作中始终围绕学校的办学理念，真正体现学校特色。比如，刘校长专门编写了《我能行教育实施手册100问》，有理念，也有具体做法。这本书的编写过程也很有意思，刘校长把行政班子带到一个地方，分给每个人七八个问题，要求他们在一天里解答这几个问题，既要有理念，也要有做法，然后校长润色，交给老师讨论，最后定稿。他说，交给班子讨论，实际上是各个部门对自己工作的思考整理过程，这个过程校长不要替代和剥夺，如果写得实在不行，可以帮他修改。

学校所倡导的文化未必是一所学校真正的学校文化。只有在长期教育实践活动中，在师生员工中逐渐形成的共同拥有的理想、信念、行为准则、做事方式等才是学校真正的文化。学校形成的文化未必是校长倡导的文化，它是一所学校长期积淀下来的人和物、人和事相处关系的总和。作为一名校长，要努力把自己所倡导的文化与学校现形成的文化达成一致。学校所有的制度是为学校的发展服务的，为教师的发展服务的。制度应该告诉师生怎么做，而不是"不能怎么做"，应该有明确的要求。比如，美国一所学校对教师板书的要求有三条：字体的大小要以让最后一排学生能看到为准，教师板书时不能背对着学生，教师板书时不讲课。这三条，告诉教师该怎样做，而且要求清晰明确。我想，接下来，我应该仔细研究一下我们的制度，如刘校长所讲的，要告诉老师们能做什么、怎么做。

一节课听下来，内容满满当当，刘校长言语简练，但是又把每一件事情和每一个概念讲得很清楚！其实一个讲座体现了一个校长的思维和处事方式，在刘校长的办学过程中，他也一定是用非常简练但又充满了鼓励的语言告诉每一位教师，我们要做什么，为什么要这样做，我们怎样做。这就是一个好校长，思维严密，言语简练，充满激情，敢于实践。具有探索者的精神，教育家的情怀，实践家的坚守！

三、了解孩子：教育公平的基础

第三天，为我们做讲座的是毛亚庆教授，他为我们阐述了公平教育与学校民主的概念。尤其是他提出的公平教育的基础是了解学生，让我印象尤为深刻。

毛教授说：如果我们对学生的爱，缺少了了解，那将是多么可怕！这样的爱，就是盲目的爱。他还以繁体的"爱"为例，"字可以简化，但爱岂能无心"来说明"用心来爱、用心来了解"的重要性。毛教授还特别以"爱生学校老师应该做到的几条"为例来说明学生需要怎样的爱，其中提到"老师不能偏向女生，春游上哪去先问问学生，要能经常跟学生聊天，要知道学生喜欢什么，学生犯错误的时候要告诉家长，学生做好事的时候也要告诉家长"等具体性的建议。特别是"老师不能偏向女生"这一条建议，提得真是太好了。小学里女老师多，往往喜欢听话的学生，天性调皮的男生就往往成为不受欢迎的人物。现在，小学的班干部大多数是女生，三好学生大多数是女生，我校评选的阳光少年80%也是女生。男孩子有男孩子的特点，我们应该允许男孩子身上有那么一些调皮甚至那么一点儿野气。

怎样了解学生，毛教授提出了若干方法，其中最重要的一点就是让学生参与。比如，可以让学生带着校长在学校走一圈，说说他认为学校哪里不安全，可以怎样改进。可以召开座谈会，让学生说说不喜欢学校的哪一些做法，不喜欢学校的哪一些措施，可以怎样改进等。这不仅有利于校长了解学生的想法，更重要的是培养学生民主参与学校管理的意识，并学习辩证地看待问题。

学生不但生活在成人的世界中，还要生活在自己的世界中，他在成人的世界中接受教育，获得更快的成长，但也要在自己的世界中获得自己的自由，感受生活的乐趣，体验世界的美和人生的美。因此，我们应该允许学生有自己的世界，我们要留给学生自由发展的空间。如果我们的爱缺失了了解，爱就是盲目的；如果我们的爱缺失了足够的尊重，爱就会变为支配和控制；如果我们的爱缺失了责任，爱就会变得轻薄；如果我们的爱缺失了关怀和给予，爱就会变得空洞和苍白。因此爱学生，要学会怎样去爱。让我们先学会了解学生，走近学生，给学生一个真实的正确的爱吧！

四、教学是心与心的默契

听钱志亮教授的课，你必须凝神细听，不看短信，不浏览网页，不开小差，因为钱教授会随时提问，他滴溜溜的眼神绝对会捕捉到游离的你："大妹子，你来回答一个问题。"于是你静心聆听，并准备随时接受钱教授的突然袭击。

钱教授知识渊博，古今中外、人文地理、饮食健康、生理心理等领域都有一定研究，因此听他的课犹如进了百科知识的丛林，再加上他诙谐幽默的语言，夸张抑扬顿挫的语调，教室里不时爆发出阵阵欢笑。最感动的是钱教授站着讲课，并深入到同学中间，像小学教师上课一样地在教室中走动。邀请我们回答问题的时候，他一定是略略弯腰，眼神与我们平视。每一个问题都是如此，3小时的课下来，钱教授是一定是很累的。但他认为，教学是一种心与心的交流。深入学生中间，眼神平视，是心与心交流的一种方式。任何知识和理念的传递，必须心与心相通才能达成默契。一个眼神，一个动作，带给我们启发。

钱教授还有很多观点颇有意思，比如他说："吃饭的时候不要浪费，植物不吃，这棵菜白白摘下来了；动物不吃，更是罪过，那动物不是白为你死了吗？"听起来令人忍俊不禁，细想起来蛮有道理。"我们总说只要功夫深，铁棒磨成针。有的孩子天生不是铁棒呢？他可能是木棒、石棒呢？五指有长短，做人要厚道，麻袋上绣花，基础太差。"连用三个比喻，说明教育要充分注重差异性，尊重人的天赋性向。当前教育出现的种种问题，与我们忽视差异忽视个体有一定的关系。我们不应该认为学生求学于我们，而要求他们的人格依附于我们。让学生听话，并不是要求学生要听教师所有的话，我们应该培养学生的辩证思想哲学意识。我们要坚持"吾爱吾师，吾更爱真理"。

做一名校长，应该有强烈的责任感和使命感，仰望星空，脚踏大地……钱教授虽然没说，但我们感受得到。

五、"民主"是一种"参与"

第五天上午，听了向蓓莉教授"参与式学校发展规划的制订与公民权责"讲座，对于学校发展规划的制订有了一个新的认识。对于向教授所传递的参与式学校发展规划具体制订的流程并没有多么深刻的印象，但是其核心的理念"让利益相关者参与制订"深深地印在了我的脑海。

我是一个不喜欢受约束的人，因此我不太喜欢制订规划。对于一些规划，我往往是一个人制订，然后发给中层，让他们提出建议，并制订可操作方案。由于没有参与，因此教师们积极性不高。刚开始规划是重要的，心是火热的；过了一年，规划睡着了；三年后，规划飞走了。所谓的规划没有对学校的发展起到引领作用，仅仅是为了规划而规划。而向教授的课给我一个启发：应该让利益的相关者共同参与规划的制订。对学校来说，应该让我们的学生、我们的教师、我们的家长、我们的上级领导部门共同参与规划的制订。在制订之前，我们要采用合适的方式，注重营造融洽、安全的氛围，让学生、家长、教师能够充分发表自己的看法。我十分感动向教授讲到的一个细节：“我要把图书馆设计成一支巨大的铅笔，铅笔里有一个大大的滑梯，我们哧溜一下滑了下来，看到一本一本的书。”多么巧妙的设计呀，这不是创设学习的情景吗？原来教育的原理在孩子的心中。感动于向教授讲到的另一个细节：“我喜欢某某老师！”"你为什么喜欢？""因为她笑！""她是怎么笑的？"孩子呵呵笑了一下，灿烂的笑容荡漾在孩子脸上。一个幼儿园的学生都知道怎样的老师是好老师，如果我们每一位老师都能够倾听一下学生的心声有多好！感动于向教授提供的一张学生所画的社区图：他们把超市、塑胶运动场画得多么明显！在一个学生心中，可以雨天晴天都自由玩耍的运动场是多么的重要，而超市为他们打开了生活中的另一扇窗。倾听学生的心声，让他们共同参与学校的管理，这不仅仅有利于更加符合实际的学校规划，同时也有利于我们的学生从小有一种民主参与的意识，一种公民的意识，而这种意识对于当前的中国来说，是多么的重要！

倾听学生的声音，还要倾听教师的建议。2008年底我校开展"我为学校发展献一计"的活动，我原以为，有一半的教师能够参与已经是蛮不错了。但是当我看到73份建议的时候，我被深深感动。不为别的，就为这73份建议，我就觉得蔚斗小学一定能够办好。这73份建议，是73颗火热的心。能马上解决的马上解决，不能马上解决的创造条件记在心里慢慢解决，无法解决的，和教师们说明沟通。从这件事情来看，我们的教师是愿意参与学校管理的，可惜我没有充分运用好，比如绩效工资的实施。虽然我让教师尽可能地表达自己的想法，能修改的尽量修改，但是如果方案是让教师酝酿制订，让不同学科的教师参与交流，那么教师们会在交流的过程发现：我们必须在一个现行的框架中，互相体谅，互相考虑，才能够得到一个互为妥协的折中方案。在这个对话过程中，一开始教师之间可能是互不理解的，但是随着时间的推移，讨论的深入，教师们会认识到，每一个工作岗位都很重要。而由于我处理得不够理想，因此绩效工资的实施成了教师们心头的痛，成为教师心中永远的伤痕，原因是我在制订方案的时候没有让利益的各方共同参与，而是绞尽脑汁几个月独自制订了这个方案。

民主管理不是一个口号，而应该真正地进入学校管理中。"参与"是民主管理的一个重要表现，作为校长，应该学会多倾听学生、家长、教师的建议、心声，创建一个安全的、融洽的参与环境，让教师、学生真正感受到自己是学校的主人，这对于公民意识的培养、民主意识的觉醒具有积极的意义。这样的学校，才是真正"以人育人、以人为本"的学校。

六、我们研究过教师吗？

"做一名教师，要研究学生，了解学生的需求；而作为一名校长，则应该研究教师，了解教师的需求。"闵行区的吴敏校长一席话激起了我的思考。

我们一直倡导学校管理应"以人为本",这个"人"应该是教师,应该是学生,应该是家长。而从校长管理的角度来说,"以人为本"的基点是"以教师为本"。这就需要校长了解教师,了解他们的生活,了解他们的专业,了解他们的需求,了解他们的幸福与烦恼。在了解教师的基础上出台相应的制度,推行符合学校实际、教师实际的教育理念,才能够为教师接受,才能够真正达成学校愿景。

那么我研究过教师吗?我又是怎样研究的?我想,我对教师的研究是不深入的,有的时候面对一些"刺儿头"教师甚至是不愿意去研究的。"走远了看到的是缺点,走近了看到的是优点。"其实这些"刺儿头"教师之所以会成为刺儿头,很大一部分原因是因为校长离他太远,校长不了解他的需求,不了解他的郁闷之处,所以他才会非常规出牌。假如校长走近他,了解他的需求,为他搭建合适的平台,让他享受到教师职业的成就感,让他得到社会的广泛认同,哪一位教师愿意成为不受欢迎的"刺儿头"教师呢?那我了解中年教师吗?我想自己做得也是不够的,甚至我有一种不愿意去了解他们的心理,觉得这一个年龄阶层的老师都已经定型了,上课呀、论文呀、参赛呀这种事情已经不太可能承担了,就随他们去吧。其实这一个群体的教师也很希望有自己的平台,有能够让自己在家长面前亮一亮的机会,不希望校长遗忘他们,不希望机会永远地让给年轻教师。正是因为我没有去研究他们,所以学校里有的时候就会出现一些不和谐的声音,管理中就会碰到一些软性的阻力。青年教师呢?男教师呢?我觉得我没有深入地去研究过我们的教师,不了解教师的真正需求，因此我所提供的发展菜单对教师来说可能是"被发展"，而不是"要发展"。这样的一种不合教师口味的菜单怎能激发教师参与的愿望，激发教师成长的激情呢？没有成长，没有成就，就没有教师职业真正意义上的成就感幸福感。没有教师的幸福，怎么会有学生的幸福呢？

我将怎样去研究我的教师？我想，第一，我要多找机会和教师们沟通。沟通的内容可以是关于教学的，也可以是关于生活的。第二，我要多深入教师的工作场所，深入教师办公室，深入教师的课堂，了解教师的第一手信息。第三，我可以借助一些问卷和教师的规划设计等来了解教师的需求。第四，经常召开一些小型的研讨会，征求教师对学校发展的建议等。在研究教师的基础上为教师们提供一个多元的个性的菜单，做好每一位教师的经纪人，做好一个真正的伯乐，成就每一位教师的灿烂人生，让他们享受教师职业的幸福。

了解教师，研究教师，为教师搭建适合的平台，为学校愿景的实现搭建心顺气畅的群体氛围，只有这样，校长的理念才能转变为教师的行动，美好的愿景才能实现。

七、培训小结

人生的节点往往是关键的几步，这一次的培训一定是我人生的节点，一个做校长的自我教育生涯的节点。

我喜欢看书，但我看得更多的是一些消遣类的快速书，对教育的书籍看得少之又少。而通过这一次的学习，我了解到看教育著作的重要性：做一名优秀的校长，必须要静下心来看一些经典的教育读物，这可以使我们的思维更加深入、理性。在学习的间隙，我看了《陶行知教育名篇》《国家〈中长期教育改革和发展规划纲要〉解读》等书，使我对陶行知的教育有了比较全面的认识，对教育规划纲要有了比较清晰全面的理解。感谢培训中心一楼的校长书屋，它时时提醒我，做一名校长，要看书，我相信，以后的我，爱看书。

高研班的 65 位同学来自祖国的大江南北，在彼此的交流中，我能感受到南北地区的地域文化差异和东西地区的经济文化差异，也正是因为这样的差异，我认识到"每一所学校都有值得学习的地方，因为每一所学校具有不可复制的文化"。青海撒拉族民族小学的"普通话"教学，广东西山小学的"科技创新大赛"，江苏海门东洲小学的"新基础"教育，等等，都值得我去学习。感谢这样一个平台，带给我丰富的学习资源。田松青校长告诉我，要不断地为学校发展寻找契机；黄坚定校长告诉我，要学习独处，能够经常做一些深入的思考；祝禧校长告诉我，校长一定要有激情，用自己的激情点燃教师的激情；刘建庆校长告诉我，一个校长如果能够从学术上引领，会更让老师心服口服。这一些朴素的话语，每一句都是校长深刻的领悟。我相信，这一些资源，我将会终身受用。

感谢培训中心，为我们提供了如此丰盛的菜单，邀请了如此优秀的教授为我们做讲座。他们或理性冷峻，或幽默风趣，个个尽显大家风范，能够通过古今中外之比较，运用浅显的故事诠释深刻的教育哲理，令人茅塞顿开。他们不仅仅传递给我理念，更传递给我一种理性地思考问题的方式。做一名校长要有仁爱之心，要让教师们民主参与管理，要把握学生心灵的脉搏，公平教育的前提是了解学生，体育是一个热血学科，等等。

一个好的讲座传递的不仅仅是内容本身，更多的是让我感悟到了教育的真谛：在了解孩子的基础上爱孩子，在了解教师的基础上发展教师。

感谢我们小组推荐我发言，使我尽快地内化和提升。我坚定了学校"适性教育"的理念特色，并从"适合的课程、适合的学法、适合的文化、适合的制度"四个维度来打造学校的适性教育的理念。也感谢每天的一日反思，迫使我及时地进行反思和内化，一定压力是需要的，将近 20 篇的学习反思是我宝贵的财富。

相信自己会从更理性的角度冷静地思考面临的各种矛盾，我也将学习和尝试用 SWOT 方式分析诊断学校面临的问题。仰望星空，脚踏实地，做一名有强烈的责任意识和使命感的校长，做一名优秀的无愧于这个时代的校长！

故事四十四 杭州崇文实验学校学习有感

2013年9月16日上午10:30，收到徐老师转发给我的一条短信，大致意思是我要参加90学时培训，要求我16日下午2:00前报到。我才猛然想起，我报了90学时培训。可是如此仓促，再加上我又带着两个班的数学，走了，孩子们怎么办？徐老师和高老师安慰我："去吧，我们会代课的。学分没有也不行呀，要批评我们学校的，再说你出去学习学习，充充电，清空自己的大脑，总是有用的。"感动之下我急急忙忙赶赴杭州崇文实验学校(以下简称"崇文")。

走进崇文，发现自己是如此的渺小，发现自己慢慢地在远离教育的原点，幸亏这次培训，让我及时调整了方向，让我重归教育的原点。下面就从崇文的建筑设计、崇文的管理理念谈谈自己的若干感受。

一、崇文以生为本的建筑设计

走进崇文，不禁为学校的设计布局所折服。12亩土地，48个班级，根据低、中、高三个学段分别布置在三幢相对独立却又彼此联系的建筑里，中间用高大的树木点缀，用富有童趣的连廊相通，丝毫感觉不到拥挤和压抑。我们学校34个班级，30亩土地，可是空的地方空，满的地方满，没有充分利用，而崇文把操场安置在学校中间，所有的房屋建在学校的周围，绿化穿插其间，景点点缀其中，空间利用达到最大化。在崇文，每一幢教学楼里都有专用教室，学生可以在最短的时间到不同的专业教室上课。教师们没有自己的办公室，每个年级组有一个教师休息室。每间休息室大概只有五六平方米，里面有咖啡机、微波炉、几张椅子，没有电脑。俞国娣校长说："教师应该和学生在一起，大多数的教师都习惯在教室里工作学习。"我每天都会经过他们的美术和书法教室，教师们不是在打扫自己的教室，就是在备课上课。其实，教师是应该在教室里的，因为我们的工作对象就是学生，我们的教育离不开学生。

在崇文，操场在学校的中间，红黄绿三架滑梯可以让学生以最快的速度到达操场。下课的时候学生们快乐地在操场上玩耍，那里俨然成了不同年龄学生交流的中心，这样的理念需要多少的底气和勇气，这样的理念又带给人多少的欣喜与欢乐。想起我的童年是在农村的晒谷场上度过的，不同年龄的孩子每天都会聚在那里，玩追逃游戏。在晒场上，我们学会了和不同年龄的伙伴相处，我们知道了必须遵守游戏的规则，我们知道了炊烟升起了必须回家，我们这一代人是在农村的晒谷场上完成了社会化。可是现在的孩子又有多少这样的机会？又有多少学校愿意承担着安全的风险让孩子自由地玩耍？我想，这样一个空间一定是孩子们向往的乐园，这样一个空间一定是孩子们温馨的家园。下课时看到一些孩子像糖葫芦似的一个一个从滑梯里钻了出来，冲向操场。他们烂漫的笑脸，和那满眼的绿色一起，构成了崇文生动的画面。

崇文最动人的音符是在操场，最美丽的旋律是在图书馆。穿过绿意婆娑的树林，看到"崇文书院"四个苍劲有力的大字，崇文人精神的家园就到了。俞国娣校长说："在这个喧嚣浮躁的时代，已经有太多的人远离了纸质读物，现在不是少书，而是少看书的人，我们必须要为书本找读者，我们必须要为图书馆的书籍找学生，所以图书馆的大门应该随时敞开，每一个班级每一个月至少要有一节课在阅览室上，学校的很多活动都要安排在阅览室进行。"的确，他们的阅览室布置得十分有味道，藏书室和教室融合在一起，周边是密密麻麻又错落有致的书籍，中间是可以容纳50人左右上课的开放式空间，一些活动的照片，学生和教师的藏品都随意又艺术地放在那里。我们进去的时候，刚好有一个班级在上美术鉴赏课，有一个班级在上阅读欣赏课，还有几位教师在图书室的电子阅览厅轻轻地商量着什么。我真的很喜欢这样的环境，喜欢这里的师生，可以那么多人静静地共处，互不干扰，这就是素养！崇文的图书室充分考虑到了不同特质学生的需求，有大气沉静的空间，也有充满童趣的绿色角落，甚至还有一个秋千。坐在秋千上看书，那种感觉一定很妙！图书管理员也有很高的职业情怀，带领着学生开展了一个又一个活动，从墙上贴着的标签中就可以感受到。原以为，他们一定是专职的图书管理员，没想到他们的图书管理员也要上12节课。大概也正是因为这一点，所以他们更了解孩子，更了解教育，也更清楚图书馆是学校文化交流的中心，图书馆是一个学校的精神家园。

　　行走在崇文校园，总是会为那些枝繁叶茂的绿树所感动，石榴都已经压弯了腰，甚至还有四五个石榴掉在了地上，可是没有一个孩子去捡，没有一个孩子去摘。校园里任何一棵小树都看不到枝折叶伤的痕迹，都是如此郁郁葱葱，想起我们学校的那些绿树，真的很为长在崇文校园里的花草树木感到幸福！

连廊之间、绿树丛中藏着一个开放式的陶艺馆，真的很为那位美术老师感到幸福：一边是茂林修竹，一边是流水潺潺，接天地之灵气，在那里流淌自己的生命，上课，做泥巴。那真是一种享受！

二、崇文的精细化管理

崇文是一所民办学校，他们的管理方式比较精细，通过制度营造和谐氛围，通过氛围强化制度执行。

管理方式的精细在会议准备中就可以看出来。我们每天的学习安排在崇文小会议室里，没有倒水和陪同的人，但是准备工作非常细致。在会议室的外面放着两张桌子，其中一张桌子上放着红茶、绿茶、雀巢咖啡、果珍、一次性纸杯等生活用品，碟子上放着搅拌咖啡的小勺子。另外一张桌子上放着学校的各种资料，信封、纸张、水笔、剪刀、胶水、图钉、橡皮、铅笔等常用的学习用品。8个热水瓶稳稳地放在地上，每隔两节课会有一个人来查看，把空的热水瓶拿走，换上新的热水。会议室临时的电线都用透明胶牢牢地粘在了地上。他们是把工作做在了前面，而且做得是如此细致周到。俞国娣校长、俞大明校长讲座时，连接投影、音响等工作全都由他们自己完成，十分熟练。每个人都负责做好自己的事，不麻烦别人，让每一个人充分地用好在学校里的每一分钟。

每天早晚都可以看到学生在体育老师的组织下进行锻炼，时间不长，大概15分钟到20分钟。校集会时，学生出来的速度极快，48个班级，在铃响后3分钟全部到达操场，然后由体育老师整队完毕后开始仪式。仪式举行时，所有的非班主任教师根据年段排成一列，站在全体学生的对面，个个精神饱满。

崇文的教师是聘任制的，校长由董事会聘任，副校长和领导班子由校长聘任，董事会通过。接下来由俞国娣校长聘任6位年级组长，由6位年级组长自行聘任本年级需要的教师。在崇文，上课未及时到位是严重事故，扣发奖金非常厉害。年级组教师之间互相关照十分重要，一看隔壁教室没有人，马上顶上。崇文的教师工作量很大，班级之间必须互相合作，这样才能够提高效率，大气协作的教师常常受到尊重。那些没有被年级组长聘任的教师可以参加学校组织的岗位竞选，但这些后勤岗位，教师们一般都不愿意选择，于是未被聘任的教师往往自行离职。在崇文，每年大概会有5%的教师自行离职。崇文教师的工作量与教师的工资直接挂钩，而对工作量的定义并不仅仅是上课，辅导、批改、管理学生、开展活动、业务学习等都属于工作量。在崇文，教师常常要参加各种志愿者活动。比如，学校里发一个通知：第二节、第三节学校要写科技节请帖，邀请有空的教师一起去写请帖。一般空课的教师都会去参加，每个人都有很强的危机感，每个人都有为学校做事的义务，当这种事情慢慢变成习惯的时候，它就形成了这个学校特有的氛围。

崇文地处钱塘江边的滨江新区，周边名校林立。采荷一小、二小、三小，杭州胜利小学等实力强劲的公立小学均在几公里之内，一所民办学校要想在名校林立的公立小学周边赢得一席之地，必有过人之处。我想，学校教师聘用制，也是优质团队的重要保证吧！

三、由"你会鼓掌吗"想起

这次 90 学时的培训地点是在崇文学校，负责这次培训的是浙江教育学院的李春玲老师。"你会鼓掌吗？你知道拍手和鼓掌有什么区别吗？"这是李春玲老师今天给我们上课的开场白，因为她发现我们这群校长不会鼓掌。从会不会鼓掌开始，李老师又谈了她对教育及生活中一些事件的看法，我很受用，把它记录下来，结合自己的经历，谈谈自己的体会和感受。

我发现大多数情况下，我是在拍手，不是在鼓掌。正确的鼓掌方式是手掌交叉，击打出声音。什么叫热烈鼓掌？鼓掌击打次数超过 10 下。其实我还真不知道好多礼仪，如看演唱会。记得我去北京国家大剧院看交响乐演出，奇怪，指挥怎么不出场？后来才知道，指挥必须是我们鼓掌把他请出来的。演出时，不能走动，要上厕所什么的，尽量提前解决，中间无故不可以离开座位。想起我们音乐教研员跟我说过一个故事，说有一天他邀请一位朋友去听音乐会，看到这位朋友拿着一大堆零食正准备进场，顿时傻掉了，当他执意要把这些零食拿去寄存的时候，他的那位朋友傻掉了。

生活中有很多习惯，有一些是生活礼仪，有一些是公共常识。习惯的积淀会促使一个人慢慢变得优秀。一个洗手习惯好的学校，他们的洗手间一定是干的。因为每一个孩子从一年级时就知道，洗完手后，要就着水池甩 5 下。他同样会把这样的习惯带到课桌兜的整理、课桌椅的摆放、书包的整理等，当这些习惯成为他的生活方式的时候，他慢慢地就朝着优秀的方向发展。

一个人的生活习惯与公共空间的习惯是不能等同的。在家里吃饭的习惯和学校里吃饭的习惯可能就是不一样的，在家里可以由着你，在哪里都可以吃，因为这是你的私人空间。可是公共场合就不可以，比如公交车上就不可以吃东西，因为这是一个公共的空间，你吃东西就会影响到他人。我们要求每一位教师必须要整理干净自己的一方天地，不仅仅是为了美观，更是为了给学生起到榜样示范作用，还因为这是一个公共空间，你有义务为他人提供一个相对比较舒服的视觉天地。

人与人之间是平等的，但又是有差异的。我们在相处的时候只能够设最低标准，做到至少不麻烦别人，不影响别人。就好像乘公共汽车，我既然出行，我就应该具备站的能力，我为什么要期待别人给我让座？我无法做到一定要让座位，但是，我必须要做到底线：排队上车，不能够争抢座位。意识决定着我们的行为方式，影响着我们的习惯。

每一个人都有被他人积极关注认可的需要，没有一个人的内心强大到没有人关注也无所谓。所以，最好的教育方式，就是学会关注，关注身边每一个人的需求，认可他们的做法想法，欣赏他们的发现和成果，对学生如此，对教师如此，对身边的人都是如此。

其实，教育真不必讲什么大道理，也真不必高标准，把每一个学生当成普普通通的人吧！坚定地认为每一个学生都很重要，每一个学生都应该参与，让他们留下美好的小学记忆。健康加上快乐，使他们的生命得以积极地成长。

故事四十五　一所始终在研究着、琢磨着的学校

2018年5月7日上午，我们参观北京市教科院丰台实验小学，接待我们的是祁红校长。学校不大，就一幢楼，600多个学生，27个班级，每班不到30人。学校依托北京市教科院，所以强调科研兴校。从祁红校长给我们的介绍当中就可以明显感觉到干货太多太多，每一个课题都可以讲上一天。从这些毫无保留的介绍中，我们也充分感受到了祁红校长的热情和大方。

行程安排是听课、参观、听介绍。首先，我们听了一节三年级思维训练课，用的是麦博思考力智慧红黄蓝的材料，主要是通过逻辑推理来确定九宫格中图形的位置。这是一节十分烧脑的课，我和镇海的杨校长每一分钟都紧紧跟随，依然觉得跟不上学生的思维，不由感叹学生的潜力无穷。个人觉得这课速度可以略微慢一点，让每一个学生得以展现，思维的缺陷得到暴露。一节课的价值在于生长性和发展性，并非一定要追求完成几道习题。不过这样的要求，对于一节思维训练课来说显然是要求过高了。学生极其喜欢思维训练课，张张小脸洋溢着兴奋喜悦，个个都像等待上战场的小士兵。这样的思维训练我们可以引进，可以作为数学校本课程，也可以作为拓展性课程。我在校园中行走时发现十分独特的文化墙："最强大脑之魔方墙"和"最强大脑之数独墙"。"魔方墙"设计得十分简单实用，是由21×21个不同颜色的魔方组成的，学生想研究，随手就可以

拿一个。"数独墙"则是两个 9×9 的九宫格组合而成的大九宫格，上面摆好了数字，一共有 18 题，谁都可以来解答，谁都可以来出题。我们常常可以在学校里见到很多书画作品，看到很多小书吧，但是数学类的简单实用的布置倒是不多，丰台实验小学的"数独墙"和"魔方墙"应该是学校思维训练在校园文化布置中的具体呈现吧。想象着一群喜欢数学的学生聚集于此，研究数独，玩转魔方，这大概是丰台实验小学留在学生心中的一个美好回忆吧。

  丰台实验小学的大课间给我留下了深刻的印象，刷新了我对大课间的经验性认识。大课间共 35 分钟，首先是 10 分钟的规范性内容，集体做操，然后是各个年级的自由活动。小小的操场被分成若干个区域，有适合低年级的以滑滑梯为主的大型玩具区，有适合中高年级的以攀爬为主的木质玩具区，也有以轮胎、球类、绳子为器具的传统活动区。一年级的学生从铁索网上一级一级地往上爬，到高处后通过长长的滑梯下来，一路撒满了银铃般的笑声。迎着清晨的阳光，这是一幅充满了童趣的美好画面，这是一个充满了挑战的活动场景。有的班级在搬运轮胎，有的班级在木条上走来走去，有的班级在跳长绳，还有的班级在进行飞速攀爬垫子活动。儿童的欢笑声和飞扬的音乐一起，构成了一张生动活泼的画卷，这才是玩耍应有的样子。突然音乐停了，只听到体育老师说："还有人在动，音乐停止，游戏停止，声音停止，这是我们的要求。"瞬间校园安静下来，所有的学生像木头人一样站在原地不动，摆着各种各样的姿势，就像我们小时候的"木头人游戏"。正在诧异之间，只听得"游戏开始"，学生们"耶"的一声欢呼，一切又喧闹起来。后来才知道，这是丰台实验小学的一个实验项目，通过音乐让学生感受规则和自由，通过统一体育项目和自选体育项目让学生感受个体和集体，这些体育项目的设计从学生年龄出发，通过攀爬等活动提高学生臂力。这样的一种大课间，不论是项目的设置，还是音乐的选择，或是活动的组织，都十分符合学生的年龄特点。

学校组织活动都应该是学校理念的体现。丰台实验小学的办学理念是"每一个都重要"，校训是"一个总有同伴牵手的地方"，教风是"用心做入心的教育"。用做课题的方式去研究大课间活动，用做课题的精神去布置学校的文化墙，用做课题的精神去开展课堂教学，不管何时何地何处，始终研究着如何体现"每一个都重要"，这是丰台实验小学带给我的启示。

后记　走在"故事领导"的路上

2011年12月，我在一次校长论坛上通过讲述故事的方式阐述自己的办学理念和管理方式，这是我第一次进行大会经验交流，而且尝试用"故事"诠释我的管理。上台前，我心里有一丝紧张，不过台下听众的回应很快消除了这种紧张。下面的校长们一个个从低头到微微抬起头，并跟着我的"故事"会心地微笑，自发地鼓掌。中场休息时，校长们走到我身边，笑着肯定了我"讲故事"的方式，说"这样的方式通俗易懂"。从这以后，慢慢地，我发现在我们区域有越来越多的校长也开始用"讲故事"的方法来交流自己的想法。

2012年9月1日，我为一年级新生的家长们做学校介绍，我并没有像往常一样对学校的概况和办学理念做许多的介绍，而是选择讲了一个小故事，没想到故事讲完以后，家长们都热泪盈眶。"让每一个学生适性成长""把学生放在正中央"这样抽象的理念，通过故事轻松传递到了每一位家长的心中。

至此，我开始思考，"故事"真的有那么强的魔力吗？"故事管理"是否真的切实可行？我开始慢慢地寻找答案。

我有意识地通过"故事日志"记录下日常管理中的小故事，并把这些故事分享给我的行政和老师们——这个不经意的习惯，就成了本书的主要素材。我发现，当我用这样的方式与老师们进行沟通后，许多老师也开始摒弃一些套话，开始用身边的具体的故事作为载体来引发学生思考，从而更好地达到教育的目的。老师和学生们更愿意接受"故事"的方式。无论对于学生，还是老师，"讲故事"往往比"讲道理"更容易赢得人心。一个好的故事总是充满温情，总是能够打动人心最为柔软的部分，不管一个人多么僵硬刻板，他似乎都会被好故事渐渐影响。尽管如此，虽然坚持着"故事管理"，但由于没有理论依据的支撑，我始终还是觉得这种管理方式无法登大雅之堂，也丝毫没有意识到"故事力"能够成为决胜未来的力量。

2017年，我荣幸地成了宁波市第二批"教育管理名家"培养对象，培养计划之一就是希望每一个学员能够有一本自己的专著。当时我便想：我的那些故事可以成为一本专著吗？当我犹豫不决时，我的导师张新平教授充分肯定了我的想法，并激励我写出更多的故事，希望我能尝试将复杂的学校管理转变为一个个的故事，来为他人提供生动的案例。我曾经的班主任北师大校长培训学院的陈紫龙老师带队来我校考察，我就我的想法向他请教。陈老师对此非常感兴趣，并鼓励我继续写出来自一线的故事智慧，为他人提供生动的管理案例。他们的激励坚定了我的内心，成了我写这本书最主要的动力源泉。

2018年起，我开始着力补齐短板，学习研究了许多管理学的知识，诸如《宁向东的清华管理学课》《故事思维》等。在学习的过程中我逐渐发现，原来我这样做，背后是有管理学的知识体系在支撑着的。我从只知其表不知其里变成了知其然亦知其所以然。我也相信，随着进一步的学习，我对"故事管理"的理解会更加深刻。管理学大师彼得·德鲁克也是一位杰出的故事讲述者，他认为好故事的过人之处就在于：故事的启发是开放性的，并不指向一个确定的意义。这便让人更易于接受表达者的观点，而不是像说教那般会令人排斥。

"故事领导"至今还是一种新的理念，尚未成为一种系统的理论。本书是对故事领导的一种实践探索。草创未就，必然有很多不足：首先，学校管理的内容复杂，仅书中撷取的若干个故事并不能解答管理中的全部问题；再者，不同学校的文化背景不同，这些故事中的"领导智慧"是否具有通用性，还有待讨论；最后，由于本人学识、能力有限，对故事管理的思考尚未深入，故事管理的更多内涵，有待于更多学者、校长、老师的共同探索。

说到这，我也用一个故事来收尾。苹果创始人乔布斯说过自己的一段经历，他上大学半年后就退学了，只去学自己感兴趣的东西，其中有一门课是书法。他说在这门课上学会了制作好看的印刷样式。也许很多人会说，这有什么用呢？没错，乔布斯也不知道学这个有什么用，但多年后当他设计出了苹果电脑时，就把这项技能用上了。现在苹果电脑里的很多字体，就来自他的这段学习经历。这件事说明什么？就是那些跟着本能或情感走的人，往往会拥有属于自己的、令人意想不到的收获。

同样，讲故事也是一个遵从情感、忘记规则的过程，在这个过程中，创造性往往会出现。当我们用故事去影响别人时，也会打开他们的视野，发现新的途径，去收获想要的结果。我想，这或许就是我写这本书的目的。

严雪霞

2020 年 2 月 于北仑